民事审判权优化运行的路径观察与思考

MINSHI SHENPANQUAN
YOUHUA YUNXING DE
LUJING GUANCHA YU SIKAO

周晓霞／著

法律出版社
LAW PRESS · CHINA
——北京——

图书在版编目（CIP）数据

民事审判权优化运行的路径观察与思考／周晓霞著.
北京：法律出版社，2024. -- ISBN 978-7-5197-9380-7

Ⅰ. D925.118.24

中国国家版本馆 CIP 数据核字第 2024VQ7732 号

民事审判权优化运行的路径观察与思考
MINSHI SHENPANQUAN YOUHUA YUNXING DE LUJING GUANCHA YU SIKAO

周晓霞 著

策划编辑 赵明霞
责任编辑 赵明霞
装帧设计 鲍龙卉

出版发行 法律出版社
编辑统筹 法商出版分社
责任校对 王晓萍
责任印制 胡晓雅
经　　销 新华书店

开本 710毫米×1000毫米 1/16
印张 13 **字数** 175千
版本 2024年9月第1版
印次 2024年9月第1次印刷
印刷 唐山玺诚印务有限公司

地址:北京市丰台区莲花池西里7号(100073)
网址:www.lawpress.com.cn
投稿邮箱:info@lawpress.com.cn
举报盗版邮箱:jbwq@lawpress.com.cn

销售电话:010-83938349
客服电话:010-83938350
咨询电话:010-63939796

书号:ISBN 978-7-5197-9380-7
定价:58.00元

凡购买本社图书,如有印装错误,我社负责退换。电话:010-83938349

前　言

审判权，作为司法权力中最核心的国家公权力要素，担负着适用法律、裁断纠纷、衡平法益、平复矛盾的重要职能。审判权运行状态是否顺畅、运行机制是否符合司法规律，决定着国家审判职能的实现效果，进而关系到国家运用法律手段维护政权、治理社会的目的能否实现。民事审判权作为公权力与私权利交织最为深刻的审判权类别，其运行状况又能够更为直观地展现审判权运行机制的特点和问题。自20世纪80年代中后期至今，我国民事司法改革从强调当事人举证责任出发，大致沿着庭审方式改革、审判方式改革乃至审判制度改革、诉讼制度改革，最终实现司法体制改革的路径展开，从而导致民事审判权运行机制一直处在不断变化的改革进行时中。党的十八大以后，审判权运行机制改革进程加快、力度空前。本书以民事审判权运行为研究对象，以最具时效性的中央文件及最高人民法院公布的司法文件为依据，从审判权运行机制的基本内容入手，通过对全国法院审判权运行情况的客观描述，比较完整地揭示出我国民事审判权运行机制存在的主要问题和改进对策。主要内容包括：第一，论述民事审判权基本内涵、主要特征和基本构成，揭示我国人民代表大会制度下司法权与立法权、行政权的关系以及我国审判权与检察权的辩证统一关系；第二，从民事审判权优化配置的目标任务、理论基础出发，论述法院内部各主体（审判职、审判辅助职、审判监督管理职）之间的职责权限界分，揭示审判团队（独任庭、合议庭）运行机制、审判委员会运行机制以及民事审判权运行的流程监督、效果反馈、责任归属等问题和对策；第三，从法院审级职能定位、民事诉讼程序设计、法官履职保障等角度，对民事审判权优化运行的保障机制提出较为合理的改革思路设计。

目　录

绪　论

一、选题背景

审判权作为司法权力中最核心的国家公权力要素，担负着适用法律、裁断纠纷、衡平法益、平复矛盾的重要职能。审判权运行状态是否顺畅、运行机制是否符合司法规律，都密切影响着国家审判职能的最终效果，进而关系到国家运用法律手段维护政权、治理社会的宏观目的能否实现。

新中国成立以来，特别是改革开放四十余年法制建设的不断发展，我国法制制度设置已逐渐齐备①，调整经济社会发展各环节各领域的实体性法律法规相继出台，规范国家主要司法程序的民事、刑事及行政诉讼法律文件也在不断修改完善，国家司法机关在业务素质、队伍建设、后勤保障等各个关键环节得到了中央前所未

---

① 中华人民共和国国务院新闻办公室：《中国特色社会主义法律体系》，载《人民日报》2011 年 10 月 28 日，第 14 版。

有的重视和支持。从应然角度，审判权发挥自身职能的各项基本条件均已具备。但从实然层面看，审判权运行的状态和效果并不令人满意，尤其是从民事审判权优化配置和良性运行的角度，其中的问题和症结更为明显：从人民法院审判案件的方式看，虽然各法院的具体实践有很大差异，但都有一些共同特征，即多主体、层级化、复合式。所谓“多主体”，即审判活动由法院内多个主体参与，从承办法官、合议庭、副庭长、庭长、副院长、院长，乃至审判委员会，各主体都可以参加到审判活动之中，并对案件的实体裁判产生不同的影响；“层级化”，即法院内合议庭、庭长、院长以及审判委员会之间构成类似于行政科层的层级化设置，各层级具有明确的从属关系，并且这种从属关系的效应常常体现在案件的实体裁判过程之中；“复合式”，即同一案件在同一审级法院内往往需要经历多个主体和多个层级的复合评价，才能形成最终的裁判意见①。换言之，改革前，在科层制结构的影响下，由于法院内部行政化决策方式的强势作用，实际奉行着院长、庭长，也包括审判委员会的案件审批制，保持着院长、庭长及审判委员会对裁判的最终决定权，学界将其形象地概括为“司法行政化”，即“以行政的目的、构造、方法、机理及效果取代司法自身的内容，形成以行政方式操作的司法”。② 另外，制度上及实践中的责任约束和追究制度，也推动着行政化决策方式的刚性发展。一方面，法院内部的责任追究制度要求院长、庭长对其属下法官的违法审判行为承担责任，如最高人民法院 1998 年 8 月 26 日颁布的《人民法院审判人员违法审判责任追究办法（试行）》第 26 条规定，院、庭长严重不负责任，对合议庭或独任审判员的错误未能纠正，导致枉法裁判的，应承担相应责任，从而倒逼院、庭长必须审慎地察看和监控属下法官的审判行为，包括通过审核或审批案件的

---

① 顾培东：《人民法院内部审判运行机制的构建》，载《法学研究》2011 年第 4 期。

② 龙宗智、袁坚：《深化改革背景下对司法行政化的遏制》，载《法学研究》2014 年第 1 期。

方式控制法官的裁判行为；另一方面，院、庭长（尤其是院长）往往更直接地承受党委、人大等外部领导、监督机构的责任约束，这也会导致他们更多地介入具体审判过程，把控一些重大、疑难案件的实体裁判。除此之外，“司法地方化”弊端也不容小觑。司法地方化，是指“司法机关及其工作人员在司法活动过程中受到地方机关或者地方利益团体的不当控制和干扰，导致司法机关及其工作人员丧失其应有的独立权力和地位，从而出现的一种司法异化现象”。[①] 司法行政化、司法地方化相伴相随且逐步恶化，极易导致司法腐败，而司法腐败必将葬送司法公信力和司法权威，最终葬送社会公众对法律的信仰。[②]

为革除上述弊端，自20世纪90年代以来，司法改革在顶层推动下不断深化。但司法究竟要改革到哪里去？这一问题涉及司法改革的目标和力度，即改成什么样的司法、改到什么程度？我们知道，司法的过程就是传达公正价值的过程。公正司法，不仅是法律公正的象征，也是社会公正的最后屏障。因此，司法公正无疑是司法改革所要实现的目标，亦是我们所需建立的司法信仰。

为此，1997年9月，党的十五大报告明确提出“推进司法改革，从制度上保障司法机关依法独立公正地行使审判权和检察权，建立冤案、错案责任追究制度”。为落实党的这一政策，1999年10月最高人民法院出台《人民法院五年改革纲要》，2000年1月最高人民检察院出台《检察改革三年实施意见》，由此司法改革迅速在全国各级司法机关中展开，但其尚未触及“司法体制”的改革。直到2002年11月，党的十六大报告进一步提出“推进司法体制改革”的目标与任务，要求“社会主义司法制度必须保障在全社会实现公平与正义。按照公正司法和严格执法的要求，完善司法机关的机构设置、职权划分和管理制度，进一步健全权责明确、相互配

---

① 张卫平：《司法改革：分析与展开》，法律出版社2003年版，第36页。

② 林喆：《司法公正与司法腐败》，载《政治与法律》1998年第3期。

合、相互制约、高效运行的司法体制”。2007 年 10 月，党的十七大报告提出“深化司法体制改革，优化司法职权配置，规范司法行为，建设公正高效权威的社会主义司法制度”。由此，我国的司法改革正式步入“司法体制改革”的深水区。2012 年 11 月，党的十八大将依法治国的基本国策提高到了新的历史高度，确立了法治是治国理政的基本方式，报告提出要“进一步深化司法体制改革，确保审判机关、检察机关依法独立公正行使审判权、检察权”。2013 年 11 月，党的十八届三中全会通过的《中共中央关于全面深化改革若干重大问题的决定》提出“推进法治中国建设”，从“确保依法独立公正行使审判权检察权”“健全司法权力运行机制”“完善人权司法保障机制”三个方面对深化司法体制改革作出了全面部署。2014 年 10 月，党的十八届四中全会通过的《中共中央关于全面推进依法治国若干重大问题的决定》提出“必须完善司法管理体制和司法权力运行机制，规范司法行为，加强对司法活动的监督，努力让人民群众在每一个司法案件中感受到公平正义”，进一步明确了“完善确保依法独立公正行使审判权和检察权的制度”“优化司法职权配置”“推进严格司法”“保障人民群众参与司法”“加强人权司法保障”“加强对司法活动的监督”六个方面改革目标任务。2015 年《人民法院第四个五年改革纲要（2014—2018)》从“建立与行政区划适当分离的司法管理制度”“建立以审判为中心的诉讼制度”“优化人民法院内部职权配置”“健全审判权力运行机制”“构建开放、动态、透明、便民的阳光司法机制”“推进法院人员的正规化、专业化、职业化建设”“确保人民法院依法独立公正行使审判权”七个方面，对全面深化人民法院改革提出 65 项改革任务。2015 年 3 月 24 日，习近平总书记在中共中央政治局就深化司法体制改革、保证司法公正进行第 21 次集体学习时强调“要紧紧牵住司法责任制这个牛鼻子，凡是进入法官、检察官员额的，要在司法一线办案，对案件质量终审负责”。2017 年 10 月，党的十九大报告明确提出“深化司法体制综合配套改革，全面落实司法责任制，努力让人民群众在每一个司法案件中感受到公平正义”。2019年《人民法院第五个五年改革纲要（2019—2023）》从“完善人民法院坚持党的领导制度体系”“健全人民法院服务和保障大局制度体系”“健全以人民为中心的诉讼服务制度体系”“健全开放、动态、透明、便民的阳光司法制度体系”“健全以司法责任制为核心的审判权力运行体系”“完善人民法院组织体系和机构职能体系”“健全顺应时代进步和科技发展的诉讼制度体系”“健全切实解决执行难长效制度体系”“健全人民法院人员分类管理和职业保障制度体系”“建设现代化智慧法院应用体系”十个方面，对深化司法体制综合配套改革、全面落实司法责任制提出65项改革任务。2022年10月，党的二十大报告继续提出“深化司法体制综合配套改革，全面准确落实司法责任制，加快建设公正高效权威的社会主义司法制度，努力让人民群众在每一个司法案件中感受到公平正义”。

梳理上述顶层设计和改革历程，我国司法改革经历了党的十五大“推进司法改革”到党的十六大“推进司法体制改革”，再由党的十七大“深化司法体制改革”到党的十八大“进一步深化司法体制改革”，再到党的十九大提出“深化司法体制综合配套改革、全面落实司法责任制”到党的二十大进一步提出“深化司法体制综合配套改革，全面准确落实司法责任制”的历程。由此可见，我国正在推进的司法改革从广度到深度、从机制到体制不断深化，并逐步明晰为司法管理体制改革、司法责任制改革、诉讼制度改革的体系框架。其中，司法责任制改革是全面深化司法体制改革的“牛鼻子”，是党的十八大、十九大以来人民法院深化司法体制改革的基础性、关键性重大改革举措，对提高审判质量、审判效率和司法公信力具有决定性作用。从党的十九大“全面落实司法责任制”再到党的二十大“全面准确落实司法责任制”的递进，蕴含着党中央对司法责任制规律性认识的持续深化。“让审理者裁判、由裁判者负责”的司法责任制改革，重在构建科学的审判权力运行机制。

二、选题意义

由上述可知，当前正在推进的司法改革有三个基本面向，即司法体制改革——“去地方化”；司法权运行机制改革——“去行政化”；诉讼制度改革——“以审判为中心”。“以审判为中心”的诉讼制度改革，不仅须由“去地方化”的司法体制改革间接支撑，还须由“去行政化”的审判权运行机制改革直接支持。因为“以审判为中心”的核心内涵是以庭审为中心。只有让审理者裁判，让裁判者负责，才能使庭审真正实质化。否则，审理与裁判分离、裁判与责任分立，庭审的虚化不可避免。“以审判为中心”以及庭审实质化，需要改革审判权运行机制，建立司法责任制予以支持。但“以审判为中心”引起的诉讼制度改革，也为审判权运行机制的改革和司法责任制的建立提出了新的课题，即在以审判为中心、推动庭审实质化的背景下，如何建立符合司法规律和司法运行现实状况的审判权运行机制和审判责任制。

应当说，审判人员分类改革和法官员额制是此轮司法改革中争议最大、困难最多的一个堡垒。截至 2017 年 7 月，全国法院共遴选产生 12 万余名员额法官（包括最高人民法院 367 名员额法官）。随后，最高人民法院机关全面落实司法责任制，按照“让审理者裁判、由裁判者负责”的要求，实行独任庭、合议庭办案责任制。在赋予法官更大审判权力的同时，建立院、庭长审判和监督管理权力清单，切实做到放权不放任、监督不缺位。换言之，全面落实司法责任制，关键是要建立健全与新型审判权力运行机制相适应的审判监督管理制度体系，处理好放权与监督的关系，重点是要健全完善司法责任制相关配套制度。

对此，有学者明确指出，“法官员额制应当是审判权运行机制改革的自然结果而不是其前提条件，如果颠倒了这个逻辑顺序，将触动利益的人事关系改革置于明晰各岗位权限责任之前，就会引起一场无序的利益混战"①。因此，在全国法官员额制改革已全面到位的前提下，认真研究优化配置民事审判权视角下的法院审级职能定位改革、程序保障机制改革、人力物资保障机制改革、法官职业保障机制改革以及民事审判责任认定追究等问题，不仅必要，而且实践意义重大。民事审判权运行机制的优化完善，就是要把我国法院内部围绕民事审判所形成的各类关系、开展的各项活动以及实施的各种行为，科学、合理地安排和确定在相对稳定的运行模式之中，进而建立起合理的民事审判运行秩序，充分有效地利用审判资源，整体提升人民法院的民事审判能力与水平。在此意义上说，民事审判运行机制的构建，既是中国特色司法制度完善不可逾越的环节，更是我国司法发展与改革的重要现实任务。

三、研究范围

2017 年 8 月 28 日，十二届全国人大常委会第二十九次会议首次审议《人民法院组织法（修订草案）》。随后，9 月 4 日，全国人大常委会公布了该修订草案并公开征求意见。值得关注的是，在酝酿此次《法院组织法》修改的过程中，最高人民法院提出了一些新的法院改革思路，例如，为解决"案多人少"问题，提出设立"候补法官"的设想；为发挥法官的集体智慧，提出组建"专业法官会议"和"专业审判委员会"的设想；法院审判委员会讨论决定的事项主要集中在案件的法律适用问题上；省级以下法院尽管继续向同级人大及其常委会负责并报告工作，但工作报告的审议决议不再交付表决；最高人民法院领导全国地方法院的司法行政管理工作，高级人民法院与下面两级法院的司法行政管理具有垂直领导关系；基层法院的审判组织不再实行以合议庭为主的原则，而一般由独任法官负责

---

① 傅郁林：《以职能权责界定为基础的审判人员分类改革》，载《现代法学》2015 年第 4 期。

审判；等等。这些新的改革思路具有很大的启发意义，但也引发了激烈的争论。经过近些年对党中央以及全国法院系统特别是最高人民法院为推动司法体制改革颁布的政策文件以及实践运行样态的观察，本书尝试对我国当前民事审判权运行机制改革的路径和状态进行客观画像，并理性地看待和分析其中一些争议较大问题的产生原因及应对策略。

本书的研究范围为：一是民事审判权基本理论问题，包括民事审判权的基本内涵、特征及基本构成；两大法系司法权与立法权、行政权的关系，特别是我国人民代表大会制度下司法权与立法权、行政权的关系，我国审判权与检察权的辩证统一关系；两大法系民事审判基本原则的异同之处。二是民事审判权优化配置基本理论问题，包括司法责任制改革的目标任务，民事审判权优化配置的目标任务，以及民事审判权优化配置必须遵循司法规律这个理论基础。三是在民事审判权优化配置视角下观察我国四级法院审级职能定位改革的顶层设计和实践样态，包括改革前我国审级制度及审级职能定位具有的特征和存在的问题，中央及最高人民法院对审级制度改革的部署谋划，以及我国四级法院审级职能定位改革的目标任务和利弊得失。四是在司法人员分类改革后，明晰法院内部各主体的职责权限是优化配置民事审判权的基本路径之一。包括法官员额制、审判辅助人员的职能权责界分，具体为审判事务与非审判事务的剥离，审判事务的分解（审判权能否分解、怎样分解、与谁分享以及如何分享），审判组织职责及权限（独任法官职责及权限，合议庭中承办法官、审判长、其他成员的职责及权限），员额制法官与审判辅助人员之间的职能、权限和责任界分标准，员额制法官与法官助理之间的职能、权限和责任定位，法官助理与书记员之间的职能、权限和责任定位，其他审判辅助人员（执行员、技术调查官、司法警察等）的职能、权限和责任定位。五是在司法责任制改革背景下，法院内部有关主体审判职能与审判监督管理职能的界分，要合理划定法院内部有关主体行使审判监督管理职权的范围。六是民事审判权优化配置的程序保障机制，包括以审判为中心的诉讼制度改革，民事诉讼程序繁简分流改革，民事庭审实质化改革的阶段性效果评估及经验总结。七是民事审判权优化运行的保障机制，包括民事审判公开保障机制，民事审判权运行人力物质保障机制，法官职业保障制度建构完善。八是民事审判责任的认定与追究，包括法官必须存在故意违法审判的行为，或者因重大过失造成错案并产生严重后果才承担责任，法官审判责任豁免的具体情形，独任法官、合议庭、审判委员会等不同审判组织形式下，各类人员的责任承担具体规则。

第一章　民事审判权基本理论问题

审判权，作为司法权力中最核心的国家公权力要素，担负着定分止争、衡平法益的重要职能。审判权的运行状态是否顺畅、运行机制是否符合司法规律，直接决定着国家审判职能的最终实现效果，进而关系到国家治理体系和治理能力的现代化水平。其中，民事审判权作为公权力与私权利交织最为深刻的审判权类别，其运行状况能够更为直观地展现审判权运行机制的特点和问题。

一、民事审判权的基本内涵、特征及基本构成

（一）基本内涵

关于审判即狭义司法的本质，美国学者富勒指出："一方面，司法应该被视为一种对人与人之间的关系进行规制的社会调整方式；另一方面，司法是一种确定受影响的当事人通过提出证据与合乎逻辑的主张参与裁决

做出过程的方式。”① 在我国，狭义的司法权通常被理解为由人民法院适用的审判权，广义的司法权还包括由人民检察院行使的法律监督权。本书所讨论的民事审判权，属于狭义理解范畴的司法权。“虽然西方各国对司法独立的必要性有着共同的认识，但是在司法独立的制度形态上存在着明显的差别。这表明，关于司法活动一般规律的正确认识必须与各国的具体情况相结合，才能获得良好的结果。”② 与两大法系国家（地区）多采“三权分立”原则不同，我国采一元分立的权力结构模式，即人民代表大会下的一委一府两院制度。在我国，人民代表大会及其常务委员会享有立法权。在立法权之下，监察权由国家监察委员会行使、行政权由国家行政机关行使、审判权由人民法院行使、检察权（法律监督权）由人民检察院行使。监察权、行政权、审判权与检察权并列为立法权之下的二级权力，各自具备独立的属性。正如韩波教授所言，我国的审判独立是在国家权力统一行使的人民代表大会制度下实行的不同分工。③ 我国的审判独立既指法院作为一个整体独立行使审判权，也指法官依法独立行使审判权。2018 年修订的《人民法院组织法》第 4 条明确规定，人民法院依照法律规定独立行使审判权，不受行政机关、社会团体和个人的干涉。2019 年修订的《法官法》第 2 条、第 7 条明确规定，法官是依法行使国家审判权的审判人员，法官依法履行职责，受法律保护，不受行政机关、社会团体和个人的干涉。

法院是民事纠纷的裁判者。审判权包括审理权和裁判权。审理权包含程序控制权、调查取证权、释明权、证明审查权、事实认定权；裁判权包含程序事项裁决权与实体争议裁判权。④ 须特别指出的是，审判权不应包

① Lon L. Fuller, *The Forms and Limits of Adjudication*, Harvard Law Review, Vol. 92, No. 2, p. 363 – 367 (1978).

② 韩波:《法院体制改革研究》，人民法院出版社 2003 年版，第 66 页。

③ 韩波:《法院体制改革研究》，人民法院出版社 2003 年版，第 74 页。

④ 张卫平:《民事诉讼法》，法律出版社 2019 年版，第 82 ~ 93 页。

含强制执行权，因为审判权的本质是判断权，其行使目的在于分配争议的民事权益，而执行权的本质是行政权，其行使目的在于实现内容已经确定的民事权益，但如何妥当划定民事审判权和执行权的界限，既是实现民事司法权优化配置的关键，也是一大难题。①

人民法院依法行使的审判权，既是一项权力，又是一项职责。换言之，人民法院依法行使的审判职权包含两层含义：一是在出现法律规定情形时，法官必须行使审判权，必须依职权为一定的审判行为。如对于涉及回避、管辖权异议等程序事项，法院得按照法律规定依职权主动调查认定。二是正当行使审判权也是法官的一项义务。如对于当事人依法提出的诉讼请求，法官必须作出裁判。对于当事人提出的事实主张和证据材料，法官必须进行审查判断。同时，对于当事人没有主张的诉讼请求，法官不得斟酌、判断。另外，在制度上，非讼事件审判权同样也是民事审判权的一部分。

（二）特征

建立符合司法规律的民事审判权运行模式，不仅是满足人民群众对公平正义需求的根本途径，更是推进国家治理体系和治理能力现代化的重要保障。根据学者梳理，符合司法规律的民事审判权应具备以下特征②：

一是独立性，即人民法院行使民事审判权只服从事实和法律，任何团体和个人无权对法院行使民事审判权进行干涉。

二是中立性，内涵有三：其一任何人不得作为自己案件的法官；其二

---

① 有学者指出，在司法体制改革中，宜考虑将执行裁决权从民事执行权中剥离出去，成为民事审判权的组成部分；并将执行命令权定位为审判权，由执行法官行使。参见肖建国：《民事审判权与执行权的分离研究》，载《法制与社会发展》2016 年第 2 期。

② 参见潘剑锋：《从民事审判权谈民事审判方式改革》，载《法学家》2000 年第 6 期；刘秀明、王涛：《论民事审判权的消极性与能动性》，载《湖北社会科学》2012 年第 3 期；田平安：《民事诉讼法学》，中国人民公安大学出版社、人民法院出版社 2003 年版，第 39 ~ 41 页。

裁决的结果中不应有包含自己利益的内容；其三法官对双方当事人平等对待，不得有歧视之嫌。

三是统一性，包括两方面含义：其一民事审判权由法院统一行使，其他机构无权行使民事审判权；其二最高人民法院、地方各级人民法院在行使民事审判权时依据相同的法律。

四是被动性，内涵有二：其一遵循不告不理原则，由当事人自行决定是否请求法院行使民事审判权来解决彼此之间的民事纠纷；其二基于民事权利的可处分性，法院的裁判不能超出当事人的诉讼请求，诉讼中的事实和证据由当事人提出，法院不能依职权进行探知。

五是程序性，即民事审判权的行使需要一个程序过程，如法院对案件事实作出判断，需要一个了解事实和分析案情的过程；法院要向社会表明其处理的案件是公正的，就需要将整个案件审理过程向社会进行展示，这同样需要一个特定的程序。因此，民事审判权的程序性也是公正司法对法院行使民事审判权的一个基本要求。

六是强制性，即民事审判权的行使以国家机器为后盾，因而具有强制性。

七是特定性，即民事审判权的行使对象是具有可诉性的民事案件，即民事法律争议。①

八是终局性，这是司法最终解决原则在民事审判中的具体体现，它表明民事纠纷在法院行使民事审判权处理后，任何机关和个人都无权再运用其他方式对这一纠纷予以处理和解决。

---

① “如果某类问题还没有成为法律争议，即使起诉到法院，法院受理了，最终仍会回归到政治框架内去解决，或者仍旧依赖行政手段去解决。”傅郁林：《司法权的外部边界与内部配置》，载《法制与社会发展》2016年第2期。

（三）基本构成

民事审判权是由审理权和裁判权共同组成的，是通过人民法院依法行使的审理行为和裁判行为实现的。民事审判权的完整性取决于民事审判行为的逻辑一致性，即审理行为与裁判行为的有机统一。民事审理行为是人民法院在民事诉讼过程中为实施裁判行为所作的一系列诉讼法律行为。而民事裁判行为则是人民法院对双方当事人之间争议的实体和程序问题所作出的具有权威性的判定性行为。至此，我们可以对民事审理权和民事裁判权分别作出相对明确的界定。

民事审理权是指人民法院对案件的实体问题和程序事项进行审查与核实的权力。而民事裁判权是指人民法院对案件的实体问题和程序事项作出判断与处理决定的权力。由此，民事审理权是人民法院依法行使裁判权的逻辑前提，而民事裁判权又是人民法院依法行使审理权的逻辑结果。根据《民事诉讼法》及有关司法解释的规定，人民法院依法行使民事审理权的事项包括：审查案件是否符合登记立案的条件，审查当事人是否适格，审查证据资料是否具有证据能力及其证明力大小，审查案件实体事实是否真实，依当事人申请或依职权调查取证，以及通知或告知诉讼参与人为某种诉讼行为或与案件有关的事项等。人民法院依法行使民事裁判权的事项包括：判断诉讼请求有无充足的事实根据和法律依据，判断程序事项是否妥当，以及对诉讼过程中特定事项进行判断等。此外，针对不同类型的事项，人民法院行使民事裁判权作出的处理方式不同。具体而言，人民法院对当事人争议的案件事实和民事权利义务争议用判决作出判断；对程序事项用裁定作出判断；对诉讼中发生的某些特定事项用决定作出判断。其中，裁定适用于解决民事诉讼程序上发生的问题，以此保证案件审理的顺利进行，如不予受理、管辖权异议、驳回起诉、财产保全、先予执行、准许或不准许撤诉、中止或终结诉讼、补正判决书中的笔误、中止或终结执行、不予执行仲裁裁决、不予执行公证机关赋予强制执行效力的债权文书等。而决定适用的特定事项通常具有两个特征：一是被判定的事项具有亟须处理的紧迫性，如审判人员是否需要回避。二是被判定的事项通常不是诉讼程序本身的问题，但又与诉讼程序紧密相关，如妨害民事诉讼的行为，其本身并不是诉讼程序的一部分，但如若处理不当，诉讼程序难以继续顺利推进。

为了保障整个诉讼程序有序、高效进行，人民法院在民事案件的审理和裁判过程中，逐渐细化出一类对程序的进行与状态进行指挥、调整和决策的权能，学界称其为诉讼指挥权或程序控制权。应当说，诉讼指挥权既包含审理职能的内容，又包含裁判职能的事项。一般而言，诉讼指挥权的主要内容包括：（1）指挥程序有序进行的权能，包括指定或变更诉讼期日或期间，如举证时限、证据交换日期、开庭日期、宣判日期等，强制当事人或证人出庭，主持庭审，指挥当事人举证、质证，指挥当事人进行合理有效的辩论，组织当事人进行调解，维持诉讼秩序，对妨害诉讼的行为采取强制措施等。（2）决定诉讼程序状态的权能，包括决定诉的合并、分离，诉讼中止与诉讼终结，促进诉讼中和解，准许当事人反诉、撤诉等。（3）对当事人之间不明确、不清楚的主张或陈述，法官行使释明权促使当事人补充或完善自己的主张或陈述，以期最大限度发现案件真实和实现公平正义。法官释明应基于公正或中立的立场，充分尊重当事人享有的处分权和辩论权，并遵行对审原则。法官不得强制当事人依其释明来补正诉讼行为，更不得通过释明为当事人导入新的事实和新的证据，否则，将构成上诉审的理由。人民法院行使诉讼指挥职权的裁判方式主要是裁定，有时也会适用决定、命令或通知。法官应按照法定程序实施诉讼指挥行为，并负有促进诉讼的义务。法官适用裁定所处理的程序事项通常采用自由证明方式，其侧重于证明的快捷性从而避免诉讼迟延，不以“对审”“公开”“直接言词”为原则（但也不排除适用），不必严格遵循证据交换、双方当事人质证和辩论等原则。

在这里，值得关注的一个问题是，诉讼调解权是否属于法院行使审判权的职能范畴。我们知道，诉讼调解是当事人处分其权利，合意解决纠纷的行为，是法院解决诉讼争议的一种方法。但诉讼调解不是法院审判权与当事人处分权相结合的产物，更不是法院审判行为与当事人处分行为合力的结果。① 将诉讼调解权与审判权混同在一起，存在法理冲突，既不利于进一步提高调解效能，也不利于构建符合司法规律的审判权运行模式。有必要明确诉讼调解权并非审判权，而是审判辅助权，其可以化解调解人来源开放性、调解权行使主动性、调解效益优先性与审判权构成的一系列矛盾，进一步推动调解改革，提高调解效能。② 比较诉讼调解权与审判权，可以发现二者存在明显的差异。第一，调解人来源的开放性与审判权的专属性存在冲突。根据我国《民事诉讼法》第98条的规定，人民法院可以邀请与当事人有特定关系或者与案件有一定联系的企业事业单位、社会团体或者其他组织和具有专门知识、特定社会经验、与当事人有特定关系并有利于促成调解的个人协助调解工作。这显然与审判权专属于法官或合议庭存在差异。此外，根据《最高人民法院关于人民法院民事调解工作若干问题的规定》的规定，经各方当事人同意，人民法院可以委托前述单位或者个人对案件进行调解，达成调解协议后，人民法院应当依法予以确认。2021年1月，最高人民法院发布《关于进一步完善委派调解机制的指导意见》，明确对于涉及民生利益的纠纷，如物业管理、交通事故赔偿、消费者权益保护、医疗损害赔偿等类型化纠纷，除依法不适宜调解的，人民法院可以委派特邀调解组织或者特邀调解员开展调解，促进批量、有效化解

---

① 关于调解与审判的个性差异，参见毕玉谦等：《民事审判与调解程序保障机制》，中国政法大学出版社2015年版，第162～171页。

② 参见韩波：《诉讼调解的实证分析与法理思辨：对最高人民法院〈关于人民法院民事调解工作若干问题的规定〉的实施调查》，载《法律适用》2007年第4期。

纠纷。第二，调解权行使的主动性与审判权的中立性存在冲突。调解权的行使方式是主动、积极的，亲情融入、情感化解、舆论影响、外力干预等调解方式在纠纷解决中发挥了重要作用，必然会与审判权的中立性、被动性构成冲突。第三，调解权重视效益与审判权优先保障公平正义的价值取向存在冲突。调解制度的设置初衷即在于快速高效地解决民事纠纷，但法官在行使审判权时，如果纠纷的处理产生公平与效益之争时，法官通常会优先考虑案件的公平正义价值。

2020 年 7 月，最高人民法院印发《关于深化司法责任制综合配套改革的实施意见》，并将其作为《人民法院第五个五年改革纲要（2019—2023）》的贯彻实施举措，其中指出“完善调解、仲裁、行政裁决、行政复议、诉讼等有机衔接、相互协调的多元化纠纷解决体系，促进共建共治共享的社会治理格局建设”。为全面深化多元化纠纷解决机制改革，发挥司法资源的最大效能，法院应将调解贯穿于审判、执行的全过程，强化诉前调解、诉讼调解、执行和解等各阶段的工作衔接。一方面，在案件的审理过程中，法院通过梳理双方当事人之间的争议焦点、整理与初步审查判断证据材料，并结合案件具体情况及相关法律适用进行阐释和提示，使双方当事人能够掌握案件的全面信息，并对案件的可能判处结果有一个较为准确的预判；另一方面，对于适宜以调解方式结案的案件，如案件事实清楚但若依法裁判可能出现合法不合理结果的、案件标的额不大但诉讼的时间成本和经济成本均较大的、案件法律关系较为复杂且双方当事人对纠纷的形成均有过错等，着重引导当事人行使程序选择权，以提高纠纷解决的质量和效率。

二、两大法系以及我国司法权与立法权、行政权的关系

（一）两大法系司法权与立法权、行政权的关系

近代两大法系国家（地区）的立法权、司法权和行政权逐渐演进、发

展为“互相平衡、相互制约”的关系。针对如何设定立法权、司法权和行政权之间的关系以及如何具体划定三者之间的边界，两大法系国家（地区）间的做法存在差异。在英美法系国家（地区），司法机关处于重要的地位；而在大陆法系国家（地区），立法部门的权力更大、地位更高。具体而言，在英美法系国家（地区），法官的审判行为是一项从事件中发现法的活动，并逐步形成判例法，作为法官在后发事件的裁判基准。因此，相对于立法机关和行政机关而言，司法机关处于优位。而在大陆法系国家（地区），法官以成文法为基准实施审判行为，法官依法司法、依法审判的观念根深蒂固，“对于社会发展中出现的新事态，首先由法院通过对原有法律进行类推、扩张解释加以处理，然后由立法部门在斟酌法院处理结果的基础上对法律作出相应的修改，并以新法律对新的社会关系进行规制。在这种情形下，在多大程度上允许司法机关灵活地对待新事态则成为问题”①。因此，相对于司法机关、行政机关而言，立法机关处于优位。

此外，在西方法治国家，司法权是一个内涵丰富的权力体系，其包括审判权、强制执行权，以及与审判权相关的或用于辅助审判权的一系列权力。详述之，法院除行使审判、执行这两项典型职能外，还处理诸多非讼事项如不动产登记、检验遗嘱、指定监护、制止家庭暴力、管理信托、处理无主财产、宣告失踪和死亡、主持公司清算和商事拍卖、监督公司整顿、监督死者的遗产管理等，以及行使司法解释等职能，对此有学者特别指出，“在谈论司法权时，切忌犯‘司法权 = 审判权’这种认识错误。②”当然，在司法权这个内涵丰富的权力体系中，审判权居于核心地位。

---

① ［日］中村英朗：《新民事诉讼法讲义》，陈刚、林剑锋、郭美松译，常怡审校，法律出版社 2001 年版，第 30 页。

② 参见肖建国：《民事审判权与执行权的分离研究》，载《法制与社会发展》2016 年第 2 期。

（二）我国人民代表大会制度下司法权与立法权、行政权的关系

在我国，狭义的司法权就是人民法院行使的审判权，广义的司法权还包括检察权（法律监督权）。我国的审判独立，是在中国共产党的绝对领导下，国家权力统一行使的人民代表大会制度下实施的。人民代表大会在国家机构中处于国家权力机关的地位，立法权、行政权、审判权、检察权分别由不同国家机关行使，但统属于国家权力机关，由人民代表大会产生，受人民代表大会监督。1949 年后，我国根据《中央人民政府组织法》，在中央设立最高人民法院、最高人民检察院、公安部和司法部，分别行使审判、检察、侦查、司法行政职权。1954 年我国第一部《宪法》及《人民法院组织法》、《人民检察院组织法》颁布后，司法体制与国家行政管理体制完全分立为两个系统。1979 年至 1982 年，我国司法体制得到了全面恢复和进一步发展、完善。我国司法体制在机构设置上包括人民法院、人民检察院、公安机关、国家安全机关和司法行政机关。其中，公安机关、国家安全机关和司法行政机关属于行政机关系统，但具有一部分司法职权，参与司法活动。比如，公安机关和国家安全机关具有的司法职权包括侦查、拘留、预审、执行逮捕等。司法行政机关领导的司法组织包括监狱、看守所、公证机关、律师机关、人民调解组织等。[①] 2018 年 3 月，十三届全国人大一次会议通过了《监察法》，这标志着我国监察体制改革初步完成。这一改革属于我国政治体制的重大变革，重塑了我国的政权组织形式，确立了“人大领导下的一府一委两院制”。有关监察权的性质，按照改革决策者的主流观点，监察委员会实质上就是“反腐败工作机构”，与纪委合署办公，代表党和国家行使“监督权”，“是政治机关，不是行政

---

① 参见韩波：《法院体制改革研究》，人民法院出版社 2003 年版，第 7 页、第 74 页。

机关、司法机关”。[1]

（三）我国审判权与检察权的辩证统一关系

值得关注的是，在广义的司法权语境下，审判权与检察权特别是民事检察权看似对立实则统一。1982 年《民事诉讼法（试行）》第 12 条规定，人民检察院有权对人民法院的民事审判活动实行法律监督。1988 年 2 月 25 日至 3 月 6 日第八次全国检察工作会议提出要对民事、行政审判活动进行监督。1988 年 9 月 12 日最高人民检察院发出通知，决定成立民事行政检察厅，主要负责对人民法院审理民事、行政诉讼案件是否合法实行监督以及对下业务指导，研究制定有关业务细则、规定等。1990 年最高人民法院、最高人民检察院会签《关于开展民事、经济、行政诉讼法律监督试点工作的通知》，将 1982 年《民事诉讼法（试行）》第 12 条落实为四项：检察机关可以受理当事人申诉、对行政诉讼判决提出抗诉、可以派员参加执行、检察长列席审判委员会。2001 年全国检察机关第一次民事行政检察工作会议召开后，检察机关提出“维护司法公正，维护司法权威”的民事行政检察指导思想，强调“人民检察院和人民法院都是国家的司法机关，通过公正司法以确立司法权威是其共同的职责，片面地强调检察权威与片面地强调审判权威，同样都是错误的”[2]。2012 年《民事诉讼法》再次修改时，民事检察方面增加检察建议为新的监督方式、增加调解书为新的监督对象，更新了对于民事诉讼活动和执行程序监督的一般授权，明确了检察机关的调阅卷宗权和调查核实权，民事检察得到进一步强化。具体而言，民事审判权和民事检察权存在以下三个层次的辩证统一关系：

---

① 关于监察权性质和功能的主流观点，学界也提出了一些疑问，甚至也有一些不同的看法。参见陈瑞华：《论国家监察权的性质》，载《比较法研究》2019 年第 1 期。

② 柴春元：《树立“两个维护”执法思想 依法有效开展民行监督——访最高人民检察院民事行政检察厅厅长王鸿翼》，载《人民检察》2001 年第 10 期。

第一，民事纠纷的存在和文明社会对私力救济的禁止，决定了民事审判权的必要性。民事检察监督的必要性是以权力制约权力、以权力监督权力的理念在我国民事诉讼领域的具体运用。2021 年 6 月 15 日《中共中央关于加强新时代检察机关法律监督工作的意见》明确提出，人民检察院是国家的法律监督机关，是保障国家法律统一正确实施的司法机关，是国家监督体系的重要组成部分。2020 年 5 月 29 日习近平总书记在主持中共中央政治局就“切实实施民法典”举行的第二十次集体学习时强调，要加强民事检察工作，加强对司法活动的监督，畅通司法救济渠道，保护公民、法人和其他组织合法权益。

第二，民事审判权与民事检察权既相互独立又统一于国家民事审判活动中。两者的价值追求都是为了维护司法公正，这是民事审判权与民事检察权能够协调统一的基础所在。民事检察监督就是对错误的司法裁判及审理行为予以纠正，从而达到维护司法公正、提升司法权威的目的。从监督的功能和效果观察，民事检察监督并非为了限制或者削弱民事审判权而设置，其与法院自行启动的审判监督一样，均是为了维护民事审判权的良性运行，保证司法公正和司法权威。换言之，民事检察监督权属于程序监督权而非实体处分权，其只是启动了法院的审判监督程序，最终仍需以法院的司法裁判作为解决问题的手段。因此，人民检察院和人民法院履职的价值目标是一致的，不同的只是法律分工和职能定位。

第三，人民检察院和人民法院的职能定位具有互补性。民事检察监督是一种纠错程序机制，其核心功能在于通过提醒，促进法院重新审视并进行自我纠错。以检察机关开展的虚假诉讼监督为例。2015 年 5 月 1 日起全国法院全面实行立案登记制改革，在解决“立案难”的同时，恶意诉讼和无理缠诉等滥诉行为日渐凸显，其中最突出的问题就是虚假诉讼，多发领域包括“以房抵债”类虚假诉讼、民间借贷类虚假诉讼、离婚分割夫妻共同财产类虚假诉讼等。众所周知，近年来，我国将当事人主义诉讼模式作为民事诉讼程序的转型目标，遵循辩论原则和处分原则，法院对当事人之间的自认行为一般不进行调查，这为双方当事人恶意串通、虚构法律关系提供了可乘之机，加之，法院“案多人少”矛盾一直突出，法院鲜少能在庭审程序中识别并规制虚假诉讼。虚假诉讼检察监督权与民事审判权在职能定位上可以形成互补，具体表现为：检察监督的宪法定位决定了其对虚假诉讼的打击具有高度权威性；检察监督能够为虚假诉讼的识别和规制提供较为专业、高效的监督；检察监督能够为法院查明并处罚虚假诉讼行为增强外部合力。[①] 此外，检察机关内部还可通过建立健全民事检察部门、刑事检察部门线索双向移送、双向反馈机制，在侦查、批捕、起诉等刑事法律监督中发现民事虚假诉讼线索。对涉嫌“套路贷”等刑事犯罪的虚假诉讼案件，检察机关一般及时移送公安机关立案侦查，通过借助公安侦查力量，强化民事虚假诉讼的证据收集，同时，对查证属实的虚假诉讼，检察机关通过提出抗诉或者再审检察建议的方式，使法院能够对虚假诉讼采取对策，防范虚假诉讼造成的后果。

三、两大法系民事审判的基本原则

（一）英美法系当事人对审制——法官由消极听审到积极管理诉讼的悄然转变

“当事人对审制”是与“纠问制”相对应的一个概念。纠问制是指审判者积极介入双方当事人之间的纠纷，划定案件的争议焦点并主动调查取证的程序。而当事人对审制则是在一个高度结构化的外在程序中，由对立的当事人负责并控制其纷争之范围、搜集证据来支持其各自的主张并提出抗辩及支持抗辩的证据，由一个中立的裁判者进行裁判以解决纷争。[②]

---

① 冯小光、刘恒：《以民事检察理论研究现代化助推民事检察工作现代化——2023 年民事检察理论研究综述》，载《人民检察》2024 年第 1 期。

② 黄国昌：《民事诉讼理论之新开展》，北京大学出版社 2008 年版，第 11 页。

当事人对审制秉持着一个最基本的信念，即由最关心自己诉讼成败的当事人自行搜集证据并提出对自己最有利的主张及事证，进而使审判者能获得最充足的事实、证据来进行纷争的裁判。为此，英美法系的民事诉讼创设了证据开示（discovery）制度①，旨在使诉讼当事人能发现与案件相关的必要证据及信息，以提出更多有关的事实于法庭上。

此外，当事人对审制另一个不可或缺的重要因素就是中立审判者的存在。古典当事人对审制坚持“审判者必须保持消极及超然立场”。在事实认定方面，审判者不必亦不应参与案件的准备及证据的搜集与调查，仅能依据双方当事人提出的证据进行裁判；在有机会和解时，审判者也不应积极介入双方当事人尝试和解的谈判程序，而应由当事人主导。对此，有学者指出：“法官的消极性系对抗人类作出过早判断最有效的方法。在实务上常常发生的状况是，在诉讼程序之初期，审判者会感觉到一个十分熟悉的事案模式（factual pattern）已由初步的证据中显露出来，并且于进一步的证据尚未显出时，一个经常被附加的卷标已被贴上了本案。这个过早的定性或卷标化并不必然源自审判者之无耐心、偏见或怠惰；相反的，其常常系源自一个‘将诉讼引入一个有秩序且协调一贯的审理程序当中’之可理解的期望。作为引导接下来诉讼程序进行方向的初步诊断，往往快速地且不令人察觉地变成一个固定的结论，而所有与此初步诊断相符的事证将会在审判者之心中留下深刻的烙印，而其他与此诊断不相符的事证，则将较不被注意。”②

然而在20世纪初期，传统的“审判者消极性”观念受到相当程度的

---

① Discovery 制度对当事人对审制的修正限定在以下两个方面：一是当事人仅有义务提出“经对方当事人请求提出”的信息；二是诉讼资料之保护（Work Product Doctrine），即一方当事人没有义务向对方当事人开示其为诉讼所作的准备内容。Kevin M. Clermont, *Surveying Work Product*, 68 Cornell L. Rev. 755 (1983).

② Lon L. Fuller, *The Adversary System*, in Talk on American Law 383 (Harold J. Berman ed. 1961).

批判，其批判路径主要有二：一为法官的消极角色使诉讼当事人及其代理律师得以操控或滥用程序规则，从而扭曲案件事实以谋求有利于己方判决内容的不当利益，如批判者主张审判者必须掌控询问证人的权责或至少在证人询问过程中积极介入。此路径的批判主要将焦点置于案件真实的发现，主张转化法官在审判程序（trial）中所扮演的角色。二为法官积极介入审判前的准备程序并有所作为，这将有利于提升司法效率。对此，有学者指出："法官在公判前程序之角色由消极至积极的转化，部分系因于当代 Discovery 制度的建立——其要求法官在诉讼之前阶段即对纷争之本体及两造当事人之主张有相当程度的熟悉；部分则因于案件增加之压力及公众对降低诉讼之迟延及费用的要求，使得法官必须采取一定经营诉讼的策略以加速纷争的解决。"① 基于法官"管理诉讼"理念在实务界获得相当支持，美国最高法院在 1983 年修正《美国联邦民事诉讼规则》时，不仅在第 16 条中正式肯认了法官"管理诉讼"的实务发展，同时要求法官普遍地加以适用。1993 年，美国最高法院进一步修正《美国联邦民事诉讼规则》第 16 条的规定，继续扩充了法官在掌控 Discovery 程序及限缩争点的权力。应当说，为有效降低诉讼成本、抑制诉讼拖延以及提高和解率，在审判前的准备程序，英美法系当事人对审制中的法官角色已悄然由"消极审判者"转化为"积极参与者"。

（二）大陆法系辩论主义——法官释明权/释明义务的介入

在大陆法系民事诉讼有关案件事实的认定中，"辩论主义"是与"职权探知主义"相对应的一个概念。在职权探知主义下，法院负责搜集其裁判所需的事实和证据。而在辩论主义下，当事人负有搜集、提出诉讼审理基础资料的权能和责任。

---

① See Judith Resnik, *Managerial Judges*, 96 Harv. L. Rev. 391 – 399 (1982).

部分大陆法系民事诉讼的立法或司法实践课予诉讼当事人真实且完全义务。具体而言，真实义务要求当事人不得在诉讼上主张或陈述其明知不实或虚伪的事实，但真实义务并不积极地要求当事人陈述所有客观的事实。完全义务也不强制当事人必须陈述所有的事实，而仅禁止如果当事人隐匿显著的重要事实将会造成法官在综合全部辩论意旨后所得出的事实与当事人在诉讼中主张或陈述的事实严重不符的情形。值得注意的是，大陆法系课予当事人的真实完全义务缺乏有效的制裁措施。当事人违反真实完全义务，充其量仅会影响法官最后的心证形成，因此期待借此补正大陆法系辩论主义的不足或缺陷还远远不够。

我们知道，双方当事人对立、裁判者中立的等腰三角形结构是民事诉讼结构形式的经典原型，学界和实务界对民事诉讼法学的不懈探索无不着眼于对立的双方当事人以及裁判者间寻求“权限”和“控制”的“最佳化配置”。为了有效补正传统辩论主义的天然不足，最大限度避免享有正当实体权利的当事人因无法在诉讼上作出适当的主张及陈述而遭受败诉判决的情形发生，大陆法系在民事诉讼程序中创设法官释明权（释明义务）。即法官通过向当事人发问或晓谕，以确保当事人在诉讼过程中能为适当的主张及陈述，确保达至实质的公正裁判。一般而言，法官应释明的对象大致可分为三类：一是当事人法律上的主张。即为防止突袭性裁判的发生，法官通过行使释明权晓谕当事人其法律上的主张可能存在违误，并给予当事人更正的机会，因此也称为法官的法律观点指摘义务。二是当事人事实上的主张或陈述。即在当事人未主张或未充分主张其据以请求之权利基础的主要事实，或其主张的事实与经由证据显现出来的事实不相契合时，法官应行使释明权使当事人有更正或补充的机会。三是支持当事人事实上主张的证据声明。即在当事人未提出适当、充分的证据资料证明其主张时，法官应行使释明权晓谕当事人其证据不实或不充分的事实，促使其提出必要的证据。须特别指出的是，法官行使释明权旨在确保双方当事人在诉讼上能作出正确且有效的主张或陈述，尽量实现双方当事人之间实质的武器平等原则，至于是否作出必要的更正或补充仍由当事人自行决定。

综上，在民事诉讼中，无论是英美法系国家（地区）的法官由消极听审悄然转变为积极管理诉讼，还是大陆法系国家（地区）的法官通过行使释明权以有效补正传统辩论主义的不足，当代法治国家（地区）大多出现了不断强化法官对诉讼程序的指挥或控制倾向，旨在符合实质正义和程序经济的价值取向，这种走向大致可概括为改造对抗制的动向。

第二章 民事审判权优化配置基本理论问题

一、司法责任制改革的目标任务

（一）司法责任制改革与司法体制改革的关系

法院作为国家的审判机关，基本职权是居中裁判，承担着裁决纷争、救济权利、制约公权的职责，旨在实现社会的公平与正义。2013 年，党的十八届三中全会开启了新一轮司法体制改革，会议通过的《中共中央关于全面深化改革若干重大问题的决定》提出要“健全司法权力运行机制”，并把“完善主审法官、合议庭办案责任制，让审理者裁判、由裁判者负责”作为健全司法权力运行机制的重大举措。应当说，这是党中央首次在官方文件中对司法责任制的内涵和重大意义作出直接阐述。如果说“建立公正、高效、权威、文明的社会主义司法制度”是我国司法体制改革的终极目标，而“提高司法公信力”是我国司法体制改革的近期目标或阶段性目标的话，那么建立健全司法责任制则是实现司法体制改革各项目标的必由之路。因为，司法责任制改革就是要还权于法院和法官，就是要建立以审判为中心的诉讼制度和以审判权为核心的司法制度。①“让审理者裁判、由裁判者负责”是还权于法院和法官的重要路径，根本目的是“努力让人民群众在每一个司法案件中都能感受到公平正义”。

（二）司法责任制改革的价值意义和目标任务

司法责任制改革是党的十八届三中、四中全会部署的司法体制改革的核心任务，在司法体制改革整体框架内具有基础性地位、标志性意义、全局性影响。党的十九大报告对深化全面依法治国实践作出战略部署，并提出“全面落实司法责任制”的明确要求。司法责任制的核心要义，就是“让审理者裁判、由裁判者负责”。司法责任制改革改变了过去院长、庭长审批案件的模式，实行独任法官、合议庭办案责任制，就是要让审判权的行使更加符合司法规律，符合审判合一、以庭审为中心、直接言词和集中审理等现代司法原则，着力解决过去审者不判、判者不审、权责不明、责任分散等问题，革除司法行政化的弊端。同时，通过明确裁判主体、确定主体责任，进而明晰权责界限、问责对象。

全面落实司法责任制，也是全面推进司法体制改革的基础工程。深化司法体制改革，要通过遴选产生员额法官、提高员额法官待遇，但关键在于把司法责任落实到位，让人民群众在每一个司法案件中感受到公平正义。提高司法职业保障，原因在于审判权是一种对诉讼争议的判断权和裁决权，审判权的本质属性决定了法官的权责利必须一致、履职责任必须与保障程度相匹配，不能只行使权力不承担义务，只享受保障不担当责任。

---

① 参见张文显：《论司法责任制》，载《中州学刊》2017 年第 1 期。

二、民事审判权优化配置的目标任务

2014 年，党的十八届四中全会通过的《中共中央关于全面推进依法治国若干重大问题的决定》提出优化司法职权配置，关键是重新配置司法机关与其他权力主体之间的关系，同时理顺上级法院与下级法院的关系、法院内部各审判组织的关系、法官之间的关系、上下级法院法官之间的关系、法官与当事人之间的关系等。在制度层面，则表现为司法系统各种权力的设定与运作。“优化司法职权配置，涉及两个方面：一个是在国家立法的层面上，按照司法机关发挥功能作用的需要和司法活动的规律，通过立法授予和调整司法机关的职权配置，使司法职权的配置必要、合理、科学；另一个是司法机关在法律授权的范围内，按照公正高效和有利于监督制约的要求，通过内部的机构调整和职权配置，整合现有资源，更有效地行使法律赋予司法机关的职权。”① 我们知道，科学、合理配置审判职权具有重大意义，因为它是审判行为能否依法、独立、公正实施的前提，也关系到人民法院行使审判权的功能发挥、效率提高以及整体效果（政治效果、法律效果、社会效果相统一）的提升。换言之，审判权的优化配置是合理构建审判权运行机制的核心。

民事审判权是审判权的下位概念。民事审判权的优化配置是国家审判权在民事司法领域的分配体系，是指根据法律和相关规则，依据民事审判活动的规律、要求，以及长期积累的民事审判经验，对人民法院内部各主体在民事审判活动中的职权进行划分和确定，以明确各主体在行使和实现人民法院民事审判权过程中的地位与作用。

有学者明确指出，在民事审判职权的优化配置中，需要明晰人民法院内部各审判组织的分工与职能范围；需要明确审判辅助人员的职能定位以

---

① 张智辉：《行政化管理：优化司法职权配置的瓶颈》，载《检察日报》2008 年 1 月 28 日，第 3 版。

及审判辅助人员与员额法官的关系；需要对人民法院内部各主体的审判职能与审判监督管理职能作出界分，厘清审判权、审判监督权、审判管理权之间的关系。[①] 因此，民事审判权配置应包括以下主要内容：一是民事审判权在不同法院之间的配置，这主要涉及人民法院的管辖问题；二是同一法院内部民事审判权在不同审判组织之间的配置，即民事审判权在独任庭、合议庭、审判委员会之间的配置；三是在司法人员分类改革的大背景下，审判组织（独任庭、合议庭等）与审判辅助人员（法官助理、书记官等）之间的职权配置，以及行使审判权的法官与行使审判监督管理职权的院长或庭长之间的关系问题。

三、民事审判权优化配置的理论基础——遵循司法规律

“司法体制改革的一个基本目标就是按照司法的属性和规律来优化司法权的配置、完善司法权的运行模式。”[②] 因此，民事审判权优化配置的一个重要理论支点即为遵循司法规律。而司法规律的实质内核又体现为遵循审判权作为判断权和裁量权的权力运行规律，突出审判在诉讼制度中的中心地位。因此，民事审判权优化配置的成果应能够充分体现审判权的独立性、中立性、程序性和终局性特征。

（一）坚持审判权依法独立行使原则

公正是司法的根本价值，而保障司法公正的一个重要前提就是保证审判权依法独立行使。因此，审判权依法独立行使既是司法权运行的根本规律，也是法治的基本原则。审判权依法独立行使蕴含着三个基本要素：一为专门机关。我国《宪法》明确规定，人民法院是国家的审判机关。因此，审判权依法独立行使的第一个要素，即为人民法院必须依法设立。

---

① 参见傅郁林：《司法权的外部边界与内部配置》，载《法制与社会发展》2016 年第 2 期。

② 王祺国：《关于司法体制改革若干问题的思考》，载《法治研究》2014 年第 2 期。

2017年8月31日，十二届全国人大常委会第二十九次会议分组审议的《人民法院组织法（修订草案）》在将人民法院分为最高人民法院、地方各级人民法院和专门人民法院的基础上，根据党的十八届四中全会决定增加规定了跨行政区划人民法院，并根据1998年全国人大常委会的决定增加规定了新疆维吾尔自治区生产建设兵团人民法院。此外，《人民法院组织法（修订草案）》在已有的军事法院基础上，根据改革开放以来人民法院发展的实际情况，增加规定了两类专门法院，即海事法院和知识产权法院。审判权依法独立行使，除人民法院须依法设立外，还意味着其他机关、政党、社会团体和个人都无权行使由人民法院独享的此项权力。二为专属权力。人民法院依照法律规定独立行使审判权，不受任何国家机关、社会团体和个人的非法干涉。联合国核准认可的《关于司法机关独立的基本原则》指出："司法机关应不偏不倚，以事实为根据并依法律规定来裁决其所受理的案件，而不应有任何约束，也不应为任何直接间接不当影响、怂恿、压力、威胁或干涉所左右，不论其来自何方或出于何种理由。"① 三为专业人员。司法审判是一项专业性较强的工作，对从业人员的职业意识、职业道德、职业技能和职业经验有独特的要求。司法判决必须由谙熟法律的法官作出，不受外界的干扰和影响。应当说，司法人员职业化是优化司法职权配置中不可或缺的重要部分。我国正在推进的司法人员分类管理改革，正是要把那些在相关审判领域实务经验丰富、理论功底深厚、司法技能娴熟的员额法官配置在审判一线，并为他们配备一定数量专业的审判辅助人员协助其工作，以期最大化地发挥专业化审判团队的资源整合功能，进一步提升民商事案件的审判质量和效率。

审判权独立行使是公民基本权利的重要保障。联合国大会1948年12

① 《关于司法机关独立的基本原则》，第七届联合国预防犯罪和罪犯待遇大会（1985年8月26日至9月6日在米兰举行）通过，经联合国大会1985年11月29日第40/32号决议和1985年12月13日第40/146号决议核准认可。

月 10 日通过并宣布的《世界人权宣言》第 10 条规定："人人完全平等地有权由一个独立而无偏倚的法庭进行公正和公开的审讯，以确定他的权利和义务并判定对他的任何刑事指控。"联合国大会 1966 年 12 月 16 日通过的《公民权利和政治权利国际公约》第 14 条也明确规定："在判定对任何人提出的任何刑事指控或确定他在一件诉讼案中的权利和义务时，人人有资格由依法设立地合格、独立和无偏倚的法庭进行公正和公开的审讯。"上述两个联合国人权文件明确强调，任何对法官独立行使审判权的不当干预，不仅有损司法的权威和尊严，而且从根本上是对人权的粗暴践踏。

此外，审判权依法独立行使也涉及审级独立问题。依据我国《宪法》、《人民法院组织法》以及三大诉讼法的规定，法院体系中的每一个法院都是独立的审判实体，都是独立的审理者、裁判者。上下级法院之间是审级监督关系而非行政领导关系。上级法院没有权力对下级法院的办案发号施令，更不能代替下级法院作出裁判。上级法院可以指导下级法院审理案件但不能代替下级法院裁判案件。上级法院对下级法院的审级监督关系应主要体现为对上诉案件的审判权行使或对个案的再审监督。下级法院对于重大、复杂、疑难案件应在法院内部加强研究讨论或聘请外部专家给予指导，而不是动辄就向上级法院"请示汇报"，或者将案件移交上级法院处理。坚持审级独立是审判权依法独立行使的应有之义，也是审判权配置应遵循的司法规律。

（二）坚持审理与裁判相统一原则

我们知道，审理活动是裁判行为的前提与基础，而裁判既是一切审理活动的出发点，又是一系列审理行为的逻辑结果。审理与裁判的密切关系决定了审判权的完整性或不可分割性。按照科学的审判权运行机制和普遍认识规律，裁判权当然应由审理具体案件的法官独立行使。任何法官只要依法参与具体案件的审判，那么在行使裁判权时就应一律平等，这也是我国《人民法院组织法》和三大诉讼法明确规定的审判权限和程序规则。换言之，审判权的行使主体既要享有审理权，又要享有裁判权；或者说审判权的行使主体在享有裁判权的同时也应行使审理权。坚持审理权与裁判权相统一原则，是遵循审判权运行规律的表现，更是优化民事审判权配置的基本原则之一，否则，就会造成“审者不判、判者不审”的怪象发生。2015 年 2 月 26 日，最高人民法院发布《关于全面深化人民法院改革的意见》，即修订后的《人民法院第四个五年改革纲要（2014—2018）》（以下简称四五纲要）。经过梳理，修订后的四五纲要重在破解“审者不判、判者不审”的举措有以下四项：

一是健全主审法官、合议庭办案机制。此项改革举措旨在还权于独任法官或合议庭，建立审判权集中运行机制，逐步实现审、判主体同一。有学者指出，赋予独任法官完整审判权，就要以独任法官为总指挥构建案件诉讼流程，即案件诉至法院后应由独任法官进行指挥，包括立案、送达、保全、文书审签等，有关案件的一切指令均出自独任法官之手。当然，独任法官并不一定要事事亲为，可为其配备适当的审判辅助人员完成相关工作。赋予合议庭完整审判权，就要建立合议庭独立运行机制，并根据群体决策规律优化群体决策规则，平衡合议庭内部的审判权配置。应在当前承办人制度的基础上推行交叉阅卷制度，确保案件信息与证据在合议庭成员之间完全共享。在责任追究上，应将合议庭作为追责的整体对待，即案件如果出现明显违反法律或违背事实的误判，应由持与判决结果意见相同的合议主体共同承担相关责任。①

二是健全院长、庭长审判监督管理机制。此项改革举措旨在优化审判主体与审判监督管理主体的关系，在法院内部实现审判的独立化运行。具体包括基本废除院长、庭长审批案件制。逐步削弱或废除审判管理的考核

① 参见徐秉晖、袁坚：《对审判权优化配置的实证分析与改革建议》，载《时代法学》2015 年第 6 期。

功能，增加案件指导监督功能。完善主审法官会议、专业法官会议机制。规范院长、庭长对重大、疑难、复杂案件的监督机制，建立院长、庭长在监督活动中形成的全部文书入卷存档制度。依托现代信息化手段，建立主审法官、合议庭行使审判权与院长、庭长行使监督权的全程留痕、相互监督、相互制约机制，确保监督不缺位、监督不越位、监督必留痕、失职必担责。

三是改革审判委员会工作机制。建立审判委员会讨论事项的先行过滤机制，规范审判委员会讨论案件的范围。除法律规定的情形和涉及国家外交、安全和社会稳定的重大复杂案件外，审判委员会主要讨论案件的法律适用问题。

四是建立防止干预司法活动的工作机制。建立领导干部干预审判执行活动、插手具体案件处理的记录、通报和责任追究制度。按照案件全程留痕要求，明确审判组织的记录义务和责任，对于领导干部干预司法活动、插手具体案件的批示、函文、记录等信息，建立依法提取、介质存储、专库录入、入卷存查机制，相关信息均应当存入案件正卷，供当事人及其代理人查询。

2017 年 10 月，党的十九大作出“深化司法体制综合配套改革，全面落实司法责任制，努力让人民群众在每一个司法案件中感受到公平正义”的重大战略部署。2019 年 2 月 27 日，最高人民法院结合实际制定《关于深化人民法院司法体制综合配套改革的意见》，也即《人民法院第五个五年改革纲要（2019—2023）》（以下简称五五纲要）。应当说，人民法院发布的四五纲要和五五纲要，都源自党中央对新时代司法体制改革的统一决策部署。从逻辑关联上看，五五纲要认真总结了四五纲要的实施情况，科学评估了四五纲要的落实效果以及面临的新情况、新问题。换言之，四五纲要的实施情况、落实效果以及面临的新情况、新问题，就是人民法院制定五五纲要的实践基础。针对实践中出现的法官不愿尽责、不敢担责以及院长、庭长不愿管、不会管、不敢管等问题，为全面贯彻“让审判者裁判、由裁判者负责”原则，五五纲要进一步完善了审判权运行和监督管理制度，具体包括：

一是细化明确各类人员职责权限。强化独任庭、合议庭的法定审判组织地位，依法确定职责权限，确保权责一致。理顺审判机构、审判组织、审判团队的关系，完善内部组织架构，优化审判资源配置。根据审判领域类别和繁简分流安排，完善承办法官与合议庭审判长确定机制。

二是完善审判监督管理机制。明确院长、庭长的权力清单和监督管理职责，健全履职指引和案件监管的全程留痕制度。完善对信访申诉、长期未结、二审改判、发挥重审、指令再审、抗诉再审案件的审判监督机制。

三是完善审判委员会制度。建立拟提交审判委员会讨论案件的审核、筛选机制。健全审判委员会讨论决定重大、疑难、复杂案件法律适用问题机制。完善审判委员会讨论案件的决定及其理由依法在裁判文书中公开机制。

（三）坚持审判权与审判责任相统一原则

作为我国近期司法改革的“牛鼻子”，司法责任制包括两个方面的重要内容：一是“让审理者裁判”；二是“由裁判者负责”。前已述及，“让审理者裁判”是坚持审理与裁判相统一原则的重要体现，是优化配置民事审判权的重要理论支点之一。而“由裁判者负责”是指主审法官、合议庭成员以及其他有关主体在案件审理过程中，因违反法律、法规及相关职业准则作出某种行为造成特定后果，而应当承担的不利评价或不利后果。在这里，须承担司法责任的主体不仅包括依法行使审判权的独任法官或合议庭成员，也包括依法不享有审判权却滥用职权干预审判的其他机关、团体和个人。[①] 应当说，为防止审判权被滥用，坚持审判权与审判责任相统一原则，是权责统一原则在审判权运行领域的必然要求，也是审判权优化配置应坚持的基本理论之一。一方面，审判权作为国家权力的重要组成部分，应当遵守“权责明晰”“权责一致”的法治原则。在司法领域，司法人员在案件办理中行使着侦查、批捕、起诉、审判、执行等司法权力，这些权力的行使直接关系着公民的自由、财产甚至是生命安全等重要权利。责任对权力构成制约，审判责任对审判权同样构成制约，即禁止审判权滥用行为的发生。另一方面，审判权在本质上属于判断权，法官在行使判断权时享有自由裁量的权力。坚持审判权与审判责任相统一的原则，既是有效阻却法官在自由裁量过程中恣意行为的重要方式，也是保障法官达成更具说服力的心证结论的重要途径。因此，应根据谁享有审判权，谁承担审判责任的权责统一原则进行民事审判权的优化配置。

（四）坚持诉权制约审判权原则

正如孟德斯鸠所言：现代法治社会，在对待权力时，一方面要科学合理的对权力进行分配和配置，另一方面要设定严密高效的权力监督和制约机制保证权力合法有效的行使。[②] 应当说，民事审判权的制约机制，是一个复杂的系统工程，以诉权、审判权、审判监督权为基本要素，形成“诉权—审判权”和“审判权—审判监督权”两个相互作用的子系统。换言之，民事诉讼制度通过两种相互影响的机制来保障程序公正：在程序内部，通过对当事人的权利与法院的权力以及对双方当事人之间的权利义务进行合理分配，形成法官的审判权与当事人诉权之间（及当事人之间）的相互制约关系；在系统外部，通过审判监督程序，以其他国家机关的权力

---

① 参见武小琳：《司法改革背景下的审判者权责一致问题研究》，载《政法学刊》2015 年第 4 期。

② ［法］孟德斯鸠：《论法的精神》（上册），张雁深译，商务印书馆 1982 年版，第 156 页。

对法院的权力实行有效牵制，以防止审判权力过大进而导致失控和滥用。为此，五五纲要构建了全方位、全流程、多层次的全院全员全流程的监督机制①，既要充分发挥审级监督和审判监督权的作用，也要依法接受人大监督、监察监督、政协民主监督、检察监督、舆论监督、社会监督等。在审判权制约机制中，诉权对审判权的制约是内在的、预防性的、第一位的；审判监督权不仅在作用上是第二位的和补救性的，而且只能是从属性的，它的行使不能妨碍民事诉讼程序的正常运行，不能破坏按照公正、效率和效益统一的价值目标所建构的程序制度的内在技能。② 因此，对于当事人而言，诉权是其享有的请求法院行使审判权解决民事纠纷或保护民事权益的权利，既是其启动诉讼程序的前提，也是其合法权益获得司法保护的前提；对于法院而言，诉权是民事诉讼程序启动、发展和终结的重要动力，也是审判权行使的前提条件。“从诉权的行使到诉讼程序的启动或诉讼系属的形成，这一过程可被描述为：行使诉权→提起‘诉’→行使起诉权或反诉权→诉讼程序的启动或诉讼系属的形成。”③ 值得注意的是，那种认为“诉权是当事人的各项诉讼权利的概括和集中体现”的看法是不正确的。诉权与诉讼权利既有联系，更有实质意义上的区别。诉讼权利是法律根据诉讼运行机制或为了维持诉讼程序正常运行以及诉讼目的顺利实现而为各类民事诉讼法律关系主体设定的各项程序法上的权利。诉权是当事人行使各项诉讼权利的前提条件，但当事人意欲行使诉权现实地启动诉讼程序，必须通过依法行使起诉权、反诉权等各项诉讼权利向法院提出启动诉讼程序的请求。诉权是存在于诉讼程序之外的权利，而诉讼权利基本上是在诉讼过程中加以运用的权能。诉讼权利不仅为当事人享有，其他民事诉

① 参见李少平：《以习近平新时代中国特色社会主义思想为指导推进实施人民法院第五个五年改革纲要》，载《中国应用法学》2019 年第 4 期。

② 参见傅郁林：《民事司法制度的功能与结构》，北京大学出版社 2006 年版，第 109 ~ 110 页。

③ 邵明：《民事诉讼法理研究》，中国人民大学出版社 2004 年版，第 121 页。

讼法律关系主体包括法院、其他诉讼参与人如证人、鉴定人、勘验人等均享有。此外，证明权、辩论权、处分权等诉讼权利的行使，也有助于诉权的实体内涵即保护具体民事权益或解决具体民事纠纷的请求，获得法院胜诉判决的支持。

自党的十五大提出“推进司法改革”到党的十八届四中全会对依法治国进行全面部署，我国的民事司法改革进程始终围绕不断加强公民诉权保障这个核心展开。特别是 2012 年 6 月，国务院新闻办公室发布了第二个以人权为主题的国家规划——《国家人权行动计划（2012—2015 年）》。该文件将民众获得公正审判的权利作为人权的重要内容纳入宪法保护的范畴，提出以诉讼程序为载体，通过完善民事诉讼中的起诉、受理和开庭前准备程序等制度机制，保障当事人的诉讼权利。[①] 至此，我国的诉权保障已然越出诉讼法范畴而转型为宪法领域的诉权保障范畴。2014 年党的十八届四中全会《中共中央关于全面推进依法治国若干重大问题的决定》又紧紧围绕诉权保护这个核心，牢牢抓住审级职能、庭审中心、司法责任等事关司法权科学合理运行的关键问题，进一步明确了审判权运行机制的改革思路和具体措施，如变立案审查制为立案登记制、加强以庭审为中心的诉讼机制建设、完善司法裁判的终局性效力规则等。因此，在诉讼制度中逐步增加当事人的程序自主权，不断完善诉权的程序保障机制，不仅是正当程序构建中制约审判权的根本措施，也是优化配置民事审判权应坚持的基本原则之一。

① 参见齐树洁、周一颜：《司法改革与接近正义——写在民事诉讼法修改之后》，载《黑龙江省政法管理干部学院学报》2013 年第 1 期。

第三章　民事审判权优化配置视角下法院审级职能定位改革

一、审级制度的概念及功能作用

在我国，审判机关从中央到地方形成上下级的四级法院关系。“上下级”是指依法具备审判监督对应关系的上级与下级，上级法院有权监督下级法院的审判工作，最高人民法院有权监督全国法院的审判工作。审级则是上下级法院在审判业务领域的关系与层次。在诉讼制度层面，审级制度解决诉讼案件经过几级法院几次复审后，裁判才发生法律效力，以及通过什么法律途径纠正生效裁判的错误。具体而言，审级制度包括以下功能作用[①]：

一是保障诉讼利益。审级制度的设置，首要目的是确保当事人获得正确、周全、审慎的裁判结果，审级过

---

① 参见何帆：《中国特色审级制度的形成、完善与发展》，载《中国法律评论》2021 年第 6 期。

简或过繁，都可能损及当事人权益。如按照案件类型或所涉利益，确定级别管辖标准，明确哪些案件由较高层级法院一审，在我国四级法院都有权审理第一审案件。如对于小额诉讼，可以考虑一审终审。

二是实现有效监督。设置不同救济程序，如区分案件类型，确定是否可以越级上诉（“飞跃”上诉）[①]；区分错误类型，确定向哪一级法院申请再审。在我国中级及以上法院都有第二审权限。需要注意的是，上级法院通过审理上诉案件和再审案件，监督下级法院审判工作，纠正裁判错误或偏差，并不意味着不信任下级法院的审判能力和职业操守，而是为了保障当事人的诉讼利益，体现国家对审判工作的审慎态度。

三是推动案件分流。理想的审级制度，应实现案件有序过滤、梯次分流，即简单案件基本在较低层级法院终结，事实争议主要由基层或中间层级法院解决，较高层级法院偏重解决法律争议和政策问题。从理想状态看，案件自下而上应呈“金字塔”结构，而非循环反复、终审不终的“圆筒状”结构。换言之，我国目前无论一审、二审、再审还是复核审，均贯彻全面审理原则，既审查事实问题，也审查法律问题。

四是统一法律适用。我国是超大型单一制国家，地方法院特别是基层法院数量众多，不同法院或审判组织的法律见解难免不同，经过上诉或再审，可以推动法律适用分歧由上级法院解决。较高层级法院通过作出具有规则意义的裁判，确保法律在全国范围内正确统一适用。2020 年我国最高人民法院发布《关于完善统一法律适用标准工作机制的意见》中明确提出“充分发挥审级制度和审判监督程序统一法律适用标准的作用”，并在第 16

---

① 我国最高人民法院知识产权法庭于 2019 年 1 月 1 日起开始受理专利等专业技术性较强的知识产权民事和行政二审上诉案件。根据《最高人民法院关于知识产权法庭若干问题的规定》第 2 条的规定，最高人民法院知识产权法庭可以受理知识产权法院、中级人民法院作出的发明专利、实用新型专利、植物新品种、集成电路布图设计、技术秘密、计算机软件、垄断第一审民事案件判决、裁定而提起上诉的案件，实行从中级人民法院到最高人民法院的越级或者“飞跃”上诉制度。

条规定，发挥审级监督体系作用。强化最高人民法院统一裁判尺度、监督公正司法的职能。加强上级法院对下级法院的审级监督指导。充分发挥二审程序解决法律争议的作用，在二审程序中依法对法律适用问题进行审查，对影响司法公正的法律适用标准不统一问题，应当根据当事人诉求或者依职权予以纠正。

总之，审级制度的设置，需综合考虑上述功能作用的配置与平衡。而审级职能的定位，则直接影响审级程序设置和审判资源配置。

二、改革前我国审级制度及审级职能定位的特征及问题

我国目前的审级制度，是由 1954 年《人民法院组织法》第 11 条确立的，1979 年《人民法院组织法》第 12 条基本予以吸收。之后，历经多次修法与改革，尽管在《民事诉讼法》中增设了再审之诉、小额诉讼等制度内容，但“四级两审制”的基础框架从未动摇。其主要特征和存在的问题有：第一，除专门法院和少量跨行政区划设立的法院外，地方各级法院主要对应省（自治区、直辖市）、设区的市（自治州、盟）、县（区、县级市、旗）三级行政建制设立，不存在与行政区划错开的司法管辖区。第二，上下四级法院之间没有审级（职能）管辖的区分，只按照一定标准分配级别管辖权限。[①] 换言之，在我国四级法院都有权审理一审案件。尽管基层人民法院负责绝大多数案件的一审，但在过去相当长一段时期里，高

---

① 由于《民事诉讼法》规定的“重大影响”“重大、复杂”等案件级别管辖标准相对抽象，各级人民法院确定民事案件级别管辖的标准主要是诉讼标的额。最高人民法院自 2008 年起不断提高中级人民法院和高级人民法院一审管辖标的额。民商事案件的级别管辖标准大致为：高级人民法院级别管辖的下限为人民币 50 亿元（含本数），上不封顶；中级人民法院级别管辖的上限原则上为 50 亿元，下限要视双方当事人住所地是否在受诉法院省级行政辖区而定，如果都在或者都不在，为 5 亿元，如果一方不在，为 1 亿元；基层人民法院级别管辖的上限即中级人民法院级别管辖的下限。从诉讼实践来看，诉讼请求金额超过 50 亿元的案件极少，因此高级人民法院基本不会受理第一审案件，最高人民法院也可从受理二审上诉的负荷中脱身。参见《最高人民法院关于调整高级人民法院和中级人民法院管辖第一审民事案件标准的通知》第 2 条、《最高人民法院关于调整中级人民法院管辖第一审民事案件标准的通知》第 1 条和第 2 条。

级人民法院受理大标的额民事案件也不鲜见。最高人民法院有权受理在全国有重大影响的案件及其认为应当由本院审理的案件。第三，第二审或者上诉审遵循全面审理原则，没有专门审理法律问题的审级。根据《民事诉讼法》第175条的规定，第二审人民法院应当对上诉请求的有关事实和适用法律进行审查。由于我国法院实行两审终审制，一些具有规则意义的案件受制于诉讼标的额等因素，只能由基层人民法院一审、中级人民法院二审，难以进入较高层级法院审理范围。因此，当前我国对于疑难、新颖、有分歧的法律问题，并非通过审级制度下的上诉审解决，主要由最高人民法院制定司法解释，对下级法院就个案中法律问题的请示作出答复、批复，或是发布指导性案例等方式解决。第四，"终审不终"问题突出。"终审不终"是指当事人在二审法院作出生效裁判后，通过再审申请或申诉信访频频质疑、挑战裁判的终局性和确定性。当事人针对生效裁判申请再审甚至申诉信访，针对的主要不是法律问题，而是不服事实认定及判决结果。按照提高终审审级、解决终审不终现象的逻辑，所设置的第三审也不过是一种以事实查明、纠纷解决为主旨的续审或复审。这与设置专门的法律审，通过第三审统一司法之间存在明显的逻辑断裂。①

三、中央及最高人民法院对审级制度改革的部署谋划

针对上述我国审级制度及审级职能定位具有的主要特征及存在的问题，2014年《中共中央关于全面推进依法治国若干重大问题的决定》提出："完善审级制度，一审重在解决事实认定和法律适用，二审重在解决事实法律争议、实现二审终审，再审重在解决依法纠错、维护裁判权威。"其实此前，最高人民法院已着手对上下级法院的审级关系进行规范。2010

---

① 参见陈杭平：《历史视野下的"四级两审制"》，载《法治现代化研究》2023年第4期；陈杭平：《民事第三审的反思与建构——从"问题"到制度》，载高鸿钧、王明远主编：《清华法治论衡》，清华大学出版社2010年版，第344～348页。

年最高人民法院《关于规范上下级人民法院审判业务关系的若干意见》第1条旨在强调上下级法院之间属于审判监督、审判业务指导关系，而非上下级行政关系或者垂直领导关系，审判监督和审判业务指导应当符合法律规定。第3条规定，基层人民法院和中级人民法院对于已经受理的诸如重大、疑难、复杂案件，新类型案件，具有普遍法律适用意义的第一审案件，必要时可以书面报请上一级人民法院审理。第5条规定，上级人民法院认为下级人民法院管辖的第一审案件，属于上述第3条所列类型，有必要由自己审理的，可以决定提级管辖，这在一定程度上提高了具有重要法律意义、社会意义案件的终审法院级别。

为推动落实党的十八届四中全会确定的“完善审级制度”重要改革举措，2019年1月，中央全面深化改革委员会审议通过《关于政法领域全面深化改革的实施意见》，将“明确四级法院职能定位”列为重大改革任务。2021年5月，中央全面深化改革委员会审议通过《关于完善四级法院审级职能定位改革的方案》（以下简称《改革方案》），明确了这项改革的目标和内容。2021年8月，十三届全国人大常委会第三十次会议作出《关于授权最高人民法院组织开展四级法院审级职能定位改革试点工作的决定》（以下简称《授权决定》），批准在最高人民法院和北京、天津、辽宁、上海、江苏、浙江、山东、河南、广东、重庆、四川、陕西12个省、直辖市开展为期2年的试点，同意试点法院在试点期间调整适用《民事诉讼法》第206条（《授权决定》中《民事诉讼法》第199条），《行政诉讼法》第15条、第90条。2021年9月，最高人民法院印发《关于完善四级法院审级职能定位改革试点的实施办法》（以下简称《试点实施办法》），于2021年10月1日正式启动试点工作。2022年8月30日，时任最高人民法院党组书记、院长周强在十三届全国人大常委会第三十六次会议上汇报最高人民法院关于四级法院审级职能定位改革试点情况的中期报告。2023年7月，最高人民法院制定印发《关于加强和规范案件提级管辖和再审提审工作的指导意见》，推动行之有效的四级法院审级职能定位改革试点举措转化为制度成果。2023 年 9 月，由于认为试点实践还不能为修改法律提供充分依据，最高人民法院印发《关于四级法院审级职能定位改革试点结束后相关工作要求的通知》，依法稳妥有序做好试点结束后的机制衔接工作，为当事人开展相关诉讼和各级人民法院确定案件管辖提供明确指引。

四、民事审判权优化配置视角下我国四级法院审级职能定位改革的主要内容和思考

2021 年至 2023 年我国四级法院审级职能定位改革的目标可以概括为“寻常案件压得下去，大案要案提得上来”，也即“在实现审判重心进一步下沉的同时，推动将涉及重大国家利益、社会公共利益和具有普遍法律适用指导意义的案件交由较高层级法院审理”。由此实现四级法院审级职能的分化（《试点实施办法》第 1 条）：基层人民法院重在准确查明事实、实质化解纠纷；中级人民法院重在二审有效终审、精准定分止争；高级人民法院重在再审依法纠错、统一裁判尺度；最高人民法院监督指导全国审判工作、确保法律正确统一适用。主要内容包括①：

（一）明确适用提级管辖的特殊类型案件识别标准

司法实践中一些具有规则意义，受地方影响较大或存在“诉讼主客场”的案件，因受诉讼标的额等因素影响，难以进入较高层级法院审理范围，有必要完善特殊类型案件的提级管辖机制，这也是优化高级、最高人民法院案件结构，实现上下级法院审级良性互动的关键环节。《试点实施办法》第 4 条至第 6 条进一步明确了特殊类型案件的识别标准。特殊类型案件包括以下五种情形：（1）涉及重大国家利益、社会公共利益，不宜由

① 参见刘铮、何帆：《〈关于完善四级法院审级职能定位改革试点的实施办法〉的理解与适用》，载《人民司法》2021 年第 31 期。

下级法院审理的；（2）在辖区内属于新类型，且案情疑难复杂的；（3）具有普遍法律适用指导意义的；（4）上一级人民法院或者其辖区内同级法院之间近三年裁判生效的同类案件存在重大法律适用分歧，截至案件审理时仍未解决的；（5）由中级、高级人民法院一审更有利于公正审理的。其中，第一种、第二种仅适用于基层人民法院交中级人民法院审理案件的范围，第三种、第四种、第五种既适用于基层人民法院交中级人民法院审理案件的范围，也属于中级人民法院交高级人民法院审理案件的范围。值得注意的是，上述第三种“具有普遍法律适用指导意义的案件”，主要是指法律、司法解释规定不明确或者司法解释没有规定，需要通过司法裁判明确法律适用标准的案件，这是最适宜以提级管辖方式交由较高层级人民法院审理的案件类型，特别是有利于最高人民法院、高级人民法院根据经济社会发展形势，及时填补法律漏洞、解决法律分歧、确立裁判规则，相关裁判也可以成为筛选、确定、废止指导性案例或参考性案例的重要素材。实践中，可能出现最高人民法院印发的司法解释、司法指导性文件制定时所依据的客观情况发生重大变化，继续适用明显有违公平正义的情况。对于这类案件，也可以报请上一级人民法院审理，但地方各级人民法院和专门法院在处理相关案件时，不得对司法解释、司法指导性文件的效力作出否定性评价。最高人民法院通过审理这类案件，可以同步考虑是否修改、废止相关司法解释、司法指导性文件。

（二）改革再审程序

根据2023年《民事诉讼法》第206条的规定，当事人的再审申请原则上“上提一级”[①] 受理。由于立法未进一步细分再审申请对应的法院层

---

① 2007年《民事诉讼法》为了解决再审申请原审法院不易裁定立案再审等问题，将第178条规定的“可以向原审人民法院或者上一级人民法院申请再审”修改为“可以向上一级人民法院申请再审”，从而统一将再审审查管辖权上提一级。

级和标准，一些案件终审生效后，败诉当事人不考虑裁判对错，仅因“上提一级”很有可能改变生效裁判，就随意申请再审，这样既不利于维护生效裁判权威，也占用了最高人民法院、高级人民法院大量司法资源。[①]《试点实施办法》第 11 条至第 16 条调整了民事诉讼法关于再审申请原则上“上提一级”的规定，进一步完善了向最高人民法院申请再审的标准和程序。一是调整向最高人民法院申请再审案件的范围。试点工作启动后，当事人对高级人民法院作出的民事生效裁判，认为有错误的，应当向高级人民法院申请再审。符合下列情形之一的，才可以向最高人民法院申请再审：（1）再审申请人对原判决、裁定认定的基本事实、主要证据和诉讼程序无异议，但认为适用法律有错误的案件；（2）原判决、裁定经高级人民法院审判委员会讨论决定的案件。值得注意的是，如果再审申请人对原判决、裁定认定的基本事实、认定事实的主要证据、适用的诉讼程序有异议，即便是有新的证据，也较适宜由原审高级人民法院审查纠正。二是建立将申请再审案件交高级人民法院审查的机制。实践中，一些事实认定、证据使用或程序适用方面的问题，会直接影响到对法律关系的认定。即便是法律适用方面的错误，也不宜全部由最高人民法院审查纠正。《试点实施办法》第 13 条第 1 款明确了将民事申请再审案件交原审高级人民法院审查的两类情形：（1）案件可能存在基本事实不清、诉讼程序违法、遗漏诉讼请求情形的。主要是指案件事实、程序有明显缺失或瑕疵，且与能否认定适用法律错误存在前提或因果关系。（2）原判决、裁定适用法律可能存在错误，但不具有法律适用指导意义的。主要是指所涉法律适用错误比较明显，但不具备规则意义，没有必要由最高人民法院审查纠正的案件。三是明确最高人民法院应当提审的案件范围。试点工作开始后，由最高人民

---

① 尽管 2012 年《民事诉讼法》第 199 条设置了两个例外，即当事人一方人数众多（十人以上）或当事人双方为公民的案件，可以向原审法院申请再审，但此后最高人民法院受理的再审申请总量仍相当可观，其审判资源大多消耗在再审审查与审理中。

法院裁定再审的案件，应当以提审为原则，以指令再审为例外。《试点实施办法》第 14 条第 2 款明确了最高人民法院应当裁定提审案件的范围，即原判决、裁定适用法律确有错误，且符合下列情形之一的：（1）具有普遍法律适用指导意义的。（2）最高人民法院或者不同高级人民法院之间近 3 年裁判生效的同类案件存在重大法律适用分歧，截至案件审理时仍未解决的。主要包括两类案件：其一是最高人民法院内部各审判机构之间存在“类案不同判”情形的；其二是不同高级人民法院之间的重大法律适用分歧需要解决并统一的。高级人民法院生效裁判与最高人民法院同类案件生效裁判存在重大法律适用分歧的，也可以纳入再审提审范围。（3）最高人民法院认为应当提审的其他情形。主要是指根据案件所涉利益、社会影响和个案情况，更适宜由最高人民法院提审的案件。此外，为便于最高人民法院监督指导全国法院的审判工作，《试点实施办法》第 14 条第 2 款规定了特殊情况下依职权提起再审的情形。最高人民法院对地方各级人民法院、专门人民法院已经发生法律效力的判决、裁定，发现确有错误，且属于前述应当提审情形之一的，有权裁定提审。四是完善高级人民法院对申请再审案件的审查处理程序。实践中，一些案件依法应当向高级人民法院申请再审，或者因原审事实认定、证据采信、诉讼程序存在问题，不符合向最高人民法院申请再审的条件。《试点实施办法》第 15 条规定，高级人民法院在审查过程中，认为原判决、裁定适用法律确有错误，且符合最高人民法院再审提审标准的，经审判委员会讨论决定后，可以报请最高人民法院审理。

（三）完善最高人民法院审判权力运行机制

确定最高人民法院再审提审标准的一个重要考虑，就是看案件是否有利于解决最高人民法院内部不同审判机构之间、不同高级人民法院之间的重大法律适用分歧。对于前一类案件，《试点实施办法》第 18 条第 1 款规定，因统一法律适用、审判监督管理等工作需要，最高人民法院相关审判庭和各巡回法庭、知识产权法庭可以向审判管理办公室提出申请，报院长批准后，组成跨审判机构的 5 人以上合议庭。最高人民法院院长认为确有必要的，可以直接要求就特定案件组成跨审判机构的合议庭，并指定 1 名大法官担任审判长。除完善合议庭组成形式外，《试点实施办法》第 19 条规定，可以通过召开跨审判机构的专业法官会议解决前述问题。跨审判机构的专业法官会议可以由院长或其委托的副院长、审判委员会专职委员、庭长主持，主要研究讨论有必要在各审判机构、审判专业领域之间统一法律适用的案件。经跨审判机构专业法官会议讨论未能解决的法律适用问题，审判管理办公室可以呈报院长提交审判委员会讨论。此外，试点工作开始后，最高人民法院开庭审理的案件将更加注重解决法律适用问题。由于绝大多数案件当事人对原审事实、证据均无异议，举证、质证环节也会视情压缩，因此，《试点实施办法》第 18 条第 2 款规定，合议庭可以结合案件情况，优化庭审程序，重点围绕案件所涉法律适用问题的争议焦点展开，逐步形成适合最高审判机关职能定位和案件特点的庭审模式。

第四章　民事审判权优化配置的基本路径

——明晰法院内部各主体的职责权限

一、法院内部依法行使民事审判权的主体范围

实现民事审判权的优化配置，首先应廓清依法行使审判权的主体范围。我国《宪法》规定，人民法院是代表国家行使审判权的机关。但人民法院作为一种无生命的组织机构，本身并不能具体地行使审判权。根据我国《民事诉讼法》第三章“审判组织”的规定，能够代表法院对外行使审判权的主体只有两类：一是由 1 名法官单独审理的独任庭；二是由多名法官或是由多名法官与人民陪审员共同审理的合议庭。

问题在于审判委员会是不是审理和裁判的主体？应当说，审判委员会制度是我国司法制度特有的决策机制和工作模式。但检索整部《民事诉讼法》即可发现，审判委员会代表法院对外行使职权的事项只有两项：一是

依据《民事诉讼法》第49条的规定，当院长担任审判长或者独任审判员时，其是否回避由审判委员会决定；二是依据《民事诉讼法》第209条的规定，当院长发现本院业已生效的判决、裁定、调解书确有错误时，由审判委员会决定是否启动审判监督程序。由此可见，我国《民事诉讼法》并未将审判委员会作为一类审判组织来规定。换言之，审判委员会在双方当事人与法官（独任庭或合议庭）之间形成的民事诉讼法律关系中并不享有审判权，而是享有对个别事项或个别环节的审判监督管理权。

但纵观数十年来的司法实践，审判委员会却是人民法院内部实实在在的最高审判组织，其行使着对某些疑难、复杂、重大案件的讨论决定权。2018年修订的《人民法院组织法》将有关审判委员会的内容规定在第三章“人民法院的审判组织”中，第37条明确规定了审判委员会的职能之一是“讨论决定重大、疑难、复杂案件的法律适用”。2015年9月发布的《最高人民法院关于完善人民法院司法责任制的若干意见》（以下简称《完善司法责任制意见》）也明确规定了审判委员会的职能，其中之一就是司法审判职能，即审判委员会讨论涉及国家外交、安全和社会稳定的重大复杂案件，以及重大、疑难、复杂案件的法律适用问题。审判委员会讨论案件的决定，合议庭应当执行。值得关注的是，为革除审判委员会讨论决定案件导致判审分离、先定后审等违背司法规律（如直接言词原则等）的弊端，北京知识产权法院于2015年9月17日在审理安徽华源医药公司诉国家工商总局商标局商标行政纠纷案中开创了审判委员会开庭审案的先河，即由审判委员会全体委员出庭审理案件中的某一重大法律适用问题。应当说，这种做法有力破解了“审者不判、判者不审”的司法沉疴，是一种值得继续探索和完善的审判方式。另外，为进一步落实司法责任制，《人民法院组织法》第39条规定，审判委员会讨论案件，合议庭对其汇报的事实负责，审判委员会委员对本人发表的意见和表决负责。审判委员会的决定，合议庭应当执行。审判委员会讨论案件的决定及其理由应当在裁判文书中公开，法律规定不公开的除外。至此，可以得出结论：目前，在我国民事诉讼中，审判委员会也是依法行使审判权的主体。我们知道，司法责任制改革以前，许多法院在审判权运行机制方面形成了院长—分管副院长—庭长—副庭长—审判人员“金字塔型”层层审批的组织结构。为有力去除审判权运行的行政化现象，最高人民法院《完善司法责任制意见》明确将裁判文书“签发制”改为“签署制”，即裁判文书由审判组织的法官依次签署后，即可印发。换言之，院长、庭长对其未直接参加审理的案件的裁判文书不再审核签发，更不得以口头指示、旁听合议、文书送阅等方式变相审批案件。值得关注的是，“院庭长审批案件制”针对审判委员会讨论决定的案件还留有缺口。在最高人民法院《完善司法责任制意见》起草过程中针对“审判委员会讨论决定案件的裁判文书由谁签发问题”有两种不同的意见：第一种意见认为，经过审判委员会讨论的案件，最终仍以合议庭的名义作出，无须院长审核。而且通过审判委员会决议事项的督办、回复和公示制度，也可对合议庭执行审判委员会的决定进行有效监督；第二种意见认为，经审判委员会讨论决定的案件，毕竟合议庭是按照审判委员会的意见制作裁判文书，也要对合议庭是否执行审判委员会决定进行监督，可以由院长授权分管副院长进行审核签发。最高人民法院《完善司法责任制意见》最终采纳了第二种意见。[①] 2018 年 12 月，最高人民法院印发的《关于进一步全面落实司法责任制的实施意见》再次强调，各级人民法院领导干部要充分尊重独任法官、合议庭法定审判组织地位，除审判委员会讨论决定的案件外，院长、副院长、庭长不再审核签发未直接参加审理案件的裁判文书，不得以口头指示等方式变相审批案件，不得违反规定要求法官汇报案件。此外，为积极推进审判委员会制度改革，全面落实司法责任制，最高人民法院于 2019 年 8 月公布实施的《关于健全完善人民法院审

① 参见最高人民法院司法改革领导小组办公室编著：《〈最高人民法院关于完善人民法院司法责任制的若干意见〉读本》，人民法院出版社 2015 年版，第 74 ~ 75 页。

判委员会工作机制的意见》进一步厘清了合议庭与审判委员会的职责，即合议庭、独任法官对其汇报的案件事实负责，审判委员会委员对其本人发表的意见和表决负责。一方面，合议庭对于提交审判委员会讨论的案件，应当提前形成书面报告，书面报告应当客观全面反映案件事实、证据、当事人或者控辩双方的意见，列明需要审判委员会讨论决定的法律适用问题；另一方面，审判委员会讨论案件的决定及其理由应当在裁判文书中公开。经审判委员会讨论决定的案件，合议庭、独任法官应及时审结，并将判决书、裁定书、调解书等送审判委员会工作部门备案。

二、审判职与审判辅助职的权能界分

如上文所述，狭义的民事审判权有两个本质要素：一为审理，即指人民法院对民事案件的实体问题和程序事项进行审查核实的活动；二为判断，即指人民法院对存在争议的民事权益进行最终分配的活动。由此，我们可将人民法院的审判工作分为核心判断工作和辅助审判工作。其中，核心判断工作体现为审判权作为决策性质的工作，主要包括事实认定、法律适用以及司法裁断，也可理解为在案件处理过程中，必须由员额法官承担的具有独立决策性质的审判工作。辅助审判工作是指具有流程性、重复性、纯粹程序性，或者不具有司法判断等特点，能够辅佐或帮助员额法官对案件的实体问题和程序事项进行审查、核实和处理的工作。换言之，除了需要高度法律判断并且能够产生确定效力或既判力的权限必须由员额法官行使外，其他的事项均可由审判辅助职处理。基于审判辅助事务的技术性要求差异，又可将其大致区分为两类：一类是需要相应法律专业知识和技术，有一定的程序指挥能力，能与法官的裁判思路基本保持一致的裁判性辅助事务，如在法官指导下查阅卷宗、审查诉讼材料、明确双方争议焦点、组织庭前证据交换、组织庭前调解、组织庭前调查、办理财产保全或证据保全、办理委托鉴定或评估、准备与案件审理相关的参考资料、研究相关法律问题、草拟裁判文书等；另一类是诉讼材料及法律文书送达等庭前准备过程中的事务性工作，庭审记录、法律文书校对、案卷整理装订归档等审判事务性辅助工作。[①] 审判辅助人员的工作旨在让法官从繁重的审判事务中解放出来，专司案件事实判断、法律适用以及裁判文书的签发，以确保案件的裁判质量。司法实践表明，区分必须由员额法官行使的权限与可由审判辅助人员代行或处理的权限，并以此为依据明确界定审判职与审判辅助职各自的职责范围，有助于最大限度激发各类司法人员的主观能动性，从而构建科学合理的审判团队。

根据比较法研究的成果和经验，在实行集中审理模式的英美国家，诉讼案件分流与司法辅助事务都集中在审前程序，因而英美审判辅助人员的权限是在法官监督下行使审前程序运行所需要的各种权限，包括部分案件（如小额诉讼）和部分事项（如证据开示范围）的裁判权。而德日等大陆法系国家则是在区分诉讼案件和非讼案件的前提下对诉讼案件采取阶段性审理模式，因此审判辅助人员的职权主要集中在处理非讼事务，并对此类案件享有较大的独立决定权；在诉讼案件中担任法官的助理，在法官的监督下行使部分事项的决定权，而且同时也作为法院派驻审判程序的公证人对法官的权力行使构成监督（如庭审笔录只能由书记官制作并成为上诉法院审查庭审笔录的依据，法官不得指示书记官修改）。应当说，基于世界各国（地区）的司法结构、诉讼模式、案件分类标准等差异，有关审判职与审判辅助职之间的权能界分即哪些事务必须由法官处理、哪些事务可以由审判辅助人员在法官指导下代行、哪些事务可以交由审判辅助人员自行处理等问题，两大法系并没有可供直接移植的理论共识或实践经验，但有一些共性的特征值得我们关注：一是审判辅助职可以代行或自主处理的事

---

① 参见马渊杰：《司法责任制下审判团队的制度功能及改革路径》，载《法律适用》2016 年第 11 期；王静等：《如何编制法官员额——基于民事案件工作量的分类与测算》，载《法制与社会发展》2015 年第 2 期。

项范围有逐渐扩大的趋势，其职责范围甚至包括对某些事项进行一定范围和程度的判断和决定的权力。如1909年，德国把作为法官权限的诉讼费用确定与执行宣告工作交由记录官行使；1960年，日本法律授权书记员可以接受法官命令，辅助法官进行法令、判例及其他必要事项的调查，书记员开始介入审判事项。二是审判辅助职可以在自己的权限范围内进行独立于审判职的判断，并且以辅助职自己的名义对外行使这些权限。如日本法官欲在辅助职的权限范围上对其发出指令必须符合法定条件且遵循法定程序。三是审判辅助官员都是经过特别任命协助法庭处理诉讼事务并享有部分事务裁决权的司法官员。①

司法改革前，我国制度意义上的审判辅助人员只有书记员。新一轮司法体制改革启动后，按照中央确定的法院人员分类管理试点方案，审判辅助人员包括法官助理②、书记员、执行员、司法警察和技术调查官等。值得注意的是，改革前实质行使审判权的助理审判员被取消，取而代之的是法官助理制度，这是一种将“审判法官”变为“审判辅助人员”的质的变化，需要根据审判权配置规律以及中国案件管理的具体需求对其角色定位、权限职责以及管理机制进行法律规定。

应当说，在整个审判权运行机制改革中，如何实现审判资源的优化组

---

① 参见傅郁林：《以职能权责界定为基础的审判人员分类改革》，载《现代法学》2015年第4期；李昊、李贤华：《法院组建审判团队域外做法》，载《人民法院报》2016年12月23日，第8版。

② 其实法官助理并非我国此次司法人员分类管理改革中的新生类别。早在2002年，最高人民法院发布《关于加强法官队伍职业化建设的若干意见》提出要对“法官、法官助理、书记员以及其他工作人员实行分类管理，建立科学的管理制度，提高法院干部人事管理法制化、科学化水平”。这是最高人民法院首次在规范性文件中提出“法官助理”概念。2004年，最高人民法院经征得中组部同意，决定在部分人民法院开展法官助理试点工作，并发布《关于在部分地方人民法院开展法官助理试点工作的意见》。2007年，最高人民法院发布《关于在西部地区部分基层人民法院开展法官助理制度试点、缓解法官短缺问题的意见》（法〔2007〕335号），安排部署在贵州、四川、重庆等西部12个省（区、市）814个基层人民法院进行法官助理制度改革试点。参见最高人民法院司法改革领导小组办公室编著：《〈最高人民法院关于完善人民法院司法责任制的若干意见〉读本》，人民法院出版社2015年版，第158～159页。

合，充分发挥审判功能，审判辅助人员的配备至关重要。2015年最高人民法院《完善司法责任制意见》明确规定，人民法院应当结合职能定位和审级情况，为法官合理配置一定数量的法官助理、书记员和其他审判辅助人员。在案件数量较多的基层人民法院，可以组建相对固定的审判团队。在这里，审判团队是指以司法办案为目标任务，以员额法官为中心，配置一定数量的法官助理、书记员等审判辅助人员从而组建成相对独立、密切协作的办案单元和管理单元。需要注意的是，审判团队不等于审判组织，更不是法院内部的一个内设机构。在审判团队中，员额法官之间不存在行政管理层面的上下级关系；法官助理、书记员在员额法官的指导或委托下从事审判活动中的辅助性工作，换言之，法官与法官助理、书记员围绕审判工作的顺利开展构成了一种指导审判辅助工作与服务核心判断工作的关系。由此，审判团队的组建，本质上属于审判资源的配置范畴，其主要的考量依据是力求审判资源与审判任务相均衡，即以独任制与合议制为基本审判组织架构，坚持因地制宜，以各级法院的职能定位、审判需求、案件类型、难易程度以及人力资源等具体情况，探索多种审判团队组合模式，如随机组成合议庭模式、审判团队模式、相对固定合议庭模式，① 同一模式中的员额法官和审判辅助人员也可因时、因案相应增减，形成以审判需求为基础、以案件变化为导向的精细化资源配置方式。比如，对于进入法

① 目前从全国各地法院的改革试点情况看，审判团队的组建主要有以下几种类型：（1）随机组成合议庭模式，以最高人民法院第一巡回法庭、第二巡回法庭以及一些案件数量少的基层法院、新设立的基层法院为代表。例如，最高人民法院第一巡回法庭，每名主审法官均配备1名法官助理和1名书记员，需要组建合议庭时，由电脑随机生成合议庭组成人员。（2）审判团队模式，法官人数与审判辅助人员以不同比例组合。例如，以1名法官为中心配置N名法官助理N名书记员，组成“1+N+N”型审判团队；以3名法官为中心组成合议庭，配置N名法官助理N名书记员，组成“3+N+N”型审判团队。（3）相对固定合议庭模式，此种模式以吉林、上海、广东佛山、深圳福田等地法院为代表。例如，吉林全省法院按照“1名审判长+2名合议法官+3名法官助理+1名书记员”模式组成900余个相对固定合议庭。与第二类模式不同的是，第三类模式是在保留审判庭建制的前提下以相对固定的合议庭为基础组建的，在合议庭或审判团队仍保留了审判长。以上参见马渊杰：《司法责任制下审判团队的制度功能及改革路径》，载《法律适用》2016年第11期。

官员额的院长、副院长、审判委员会专职委员，是否组建专门审判团队应视其实际承担的办案任务而定，一般可以随机产生的方式临时为其配置必要的审判辅助人员。

在审判团队中，员额法官的总体职责是主持或参与案件的核心审理工作。具体而言，其职责主要包括：一是指导法官助理厘清案件的争议焦点，确定案件的审理方向和审理重点；二是指导法官助理召开庭前会议、组织庭前证据交换、庭前调解以及做好庭审准备等相关程序性工作并听取准备情况的报告；三是审查决定是否采取司法强制措施、追加案件当事人、回避等关键性程序问题；四是作为独任法官或合议庭成员参加庭审，并对案件的事实认定和法律适用形成独立的审理意见并充分说明理由；五是除自己撰写裁判文书外，指导法官助理起草裁判文书并最终签署意见。同时，作为整个审判团队的负责法官，还须以组织化行权的方式统筹、管理本团队的案件审理工作。具体而言，其职责主要包括：一是对分配到本审判团队的所有案件进行初次甄别并进行繁简和类案的二次分流；二是根据案件二次分流的结果，指定某员额法官担任审判长，并与其他员额法官或人民陪审员组成合议庭审理案件；三是合理调配本审判团队的审判辅助人员，使得每个案件审理过程中的法官、法官助理和书记员达成合理配比；四是针对某些重大、疑难、复杂案件，如果合议庭意见分歧较大且审判长认为有必要时，可提请审判团队的负责法官帮助审核是否有必要将案件提交专业法官会议或审判长联席会议研究讨论，也可在提交专业法官会议或审判长联席会议讨论前或讨论后提请审判团队的负责法官帮助审核是否有必要将案件提交审判委员会讨论决定。

法官助理的职责是协助法官从事具体的技术性审判事务。具体而言，其主要职责包括：一是在法官的安排和指导下审查诉状及答辩情况、配合法官进行调查、调解、办理保全事宜，主持或配合法官召开庭前会议和庭前证据交换，办理送达等程序性事务，必要时协助法官撰写庭前会议报告；二是在法官的指导下准备案件审理方案或庭审提纲，包括明确和固定诉讼请求、梳理争议焦点、确定审理方向和重点、二审案件是否开庭、当事人是否适合以及是否有遗漏等，查找法律、法规、司法解释和相关审判文件；三是在法官的指导下撰写案件审理报告；四是在法官的指导下起草裁判文书；五是完成法官交办的其他审判辅助性工作。

书记员的工作性质是协助法官从事具体的事务性辅助工作，具体包括：在法官的指导下完成庭前准备的事务性工作，开庭时诉讼参与人的出庭检查，法庭纪律的宣布，案件审理中的记录，法律文书的校对和传递以及案卷材料的整理、装订和归档等工作。

不言而喻，不断优化审判团队建设是深化司法责任制综合配套改革的重要内容。近年来，各地法院立足本院实际，坚持问题导向，通过灵活组建多类型审判团队，实现审判团队效能最大释放，推动审判质效全面提升。

北京市西城区人民法院2020年有员额法官170人、法官助理161人、书记员75人。如果按照“一审一助一书”配置审判团队，书记员缺口超过56%。该院根据繁简分流工作和专业化建设需要，重新调配人力资源，灵活组建多类型审判团队。一是实行书记员集中管理。将书记员从审判团队剥离，成立书记员管理办公室，对书记员集中管理、按需使用、资源共享。40名书记员使用语音识别系统为全院120个审执团队提供庭审记录服务，全线补足书记员岗位，基本解决了法官助理和书记员职责混同问题。庭审平均时长缩短近40%，法庭利用率提高30%，法官准点开庭率从59%跃升至92%。二是打造多层次审判团队。前端速裁团队需要快速处理大量“简案”，程序性、辅助性事务工作多，17个速裁团队按照“1名法官+2名助理+1名书记员”的标准配置。中端专业化审判团队负责“繁案”精审，核心审判工作量大，包括民事、刑事、行政在内的101个专业化审判团队按照“1名法官+1名助理”的标准配置。后端执行团队工作量较大，需要警务保障，19 个执行团队按照“1 名法官 +2 名助理 + 法警”的标准配置。三是加强审判团队内部自我管理。法官对团队工作全面负责，对案件推进、流程管理、节点把控享有主导权，可以根据案件类型、难易程度及辅助人员的能力水平、业务特长进行分工。其他辅助人员按照职责分工负责。干部部门每季度听取法官意见，将法官对辅助人员的评价作为绩效考核、评优评先、职级晋升的重要指标。对于工作表现不良的，定期调换岗位、开展培训，及时化解审判团队管理困境。四是集约提供一站式保障供给，切实减轻审判团队事务负担。为减少重复性审判辅助事务占用审判团队大量时间和精力，该院将法庭记录、案件送达、归档扫描从审判团队中剥离，实行审判事务集约化规范管理，尽可能以外包服务的形式，最大化减轻审判团队负担。具体包括：建立集约送达中心。审判团队在集约送达一体化平台“一键点击”，多种送达方式“一站式”完成；建立电子卷宗同步生成中心。承担所有诉讼材料集中收转、扫描、加工、保管、借阅、整理等工作，实现“一次扫描、全程使用、一键归档”；建立诉源治理实体工作站。统合联系法官、普法宣传、问题解答、指导调解等工作，为法官参与社会治理工作提供最高效的路径。93% 的群众诉求由工作站自行解决，24 小时内回复率 100%。辅助事务集约管理后，每个案件可以为法官平均节省 9 小时以上的时间。①

广东省深圳市盐田区人民法院在充分调研的基础上，将审判辅助事务划分为核心审判辅助事务和非核心审判辅助事务。核心审判辅助事务主要包括组织庭前会议、调解、草拟法律文书、采取执行措施等。非核心审判辅助事务主要包括材料收转、排期、送达、保全、鉴定、庭审记录、归档、上诉等。合理调配审判资源，确保核心辅助事务聚焦法官审判核心业

① 参见《人民法院司法改革案例选编（十）——改革案例第 153 号：北京市西城区人民法院灵活组建　规范管理　强化保障　优化审判团队运行机制释放审判效能》，载最高人民法院官网 2020 年 12 月 1 日，https：//www. court. gov. cn/fabu/xiangqing/276311. html。

务，非核心辅助事务集约高效办理。该院在诉讼服务中心设立审判辅助事务集约办理平台，将上述 8 项非核心审判辅助事务从审判业务部门剥离，统一集约至该平台办理。全面推行电子档案为主、纸质档案为辅的案件归档方式，办案人员办结案件后，由档案工作人员统一对电子档案核查跟进和整理归档。集约以来，原由 49 名法官助理负责的非核心事务性工作减少为由 8 名书记员负担，原由法官助理承担的事务性工作减少了 56%。同时，在审判辅助事务二元分类的基础上，将现行的“法官—法官助理—书记员”单一团队配置模式变革为“法官—法官助理”与“审判辅助事务审核官—书记员”的团队配置模式，审判辅助事务审核官由业务能力突出、责任心强的员额法官兼任或退额的法官专职担任。“法官—法官助理”团队处理核心审判业务，“审判辅助事务审核官—书记员”团队则专门集中处理非核心审判辅助事务。负责核心事务的法官助理分属各审判执行部门管理，负责非核心事务的书记员由诉讼服务中心统一管理。诉讼服务中心对书记员实行动态调配，保障审判流程高效运行。此外，该院梳理了适合购买社会化服务的审判辅助事务范围，对文书集中送达、案卷集中整理及扫描、司法网拍、档案管理、办公自动化设备维护、信息系统运行维护等辅助事务实行购买社会化服务，通过公平竞争择优选择方式确定购买服务承接主体，相关经费纳入年度预算保障。①

三、法院内部有关主体审判职能与审判监督管理职能的界分

我们知道，法院系统内部存在审判权、审判指导监督权、审判事务管理权、执行权、执行管理权、执行裁决权、司法政务管理权等各种权力。本轮审判权运行机制改革，首先通过法院的内部改革，将法律明确规定应

① 参见《人民法院司法改革案例选编（十）——改革案例第 167 号：广东省深圳市盐田区人民法院审判辅助事务二元分道　资源重组释放审判新动能》，载最高人民法院官网 2020 年 12 月 1 日，https：//www. court. gov. cn/fabu/xiangqing/276311. html。

当并且只能由审判法官所享有的权限归还给审判法官；其次通过减少各种干预审判权独立行使的因素，确保这种法律授权的真正落实。其中，最核心的困难是，审判权平等行使、独立负责的基本特征与“一把手”政治结构下的首长/首席/长官负责制之间存在内在冲突。①

（一）法律法规关于法院内部有关主体行使审判监督管理职权的规定

根据《民事诉讼法》的规定，由法院院长（以审判职务或行政职务—院长的身份而非以法官身份）行使权力的情形主要有三类：一是审判监督权，如决定审判人员回避（《民事诉讼法》第49条）和在法院依职权启动审判监督程序中提请审判委员会决定对本院生效裁判再审（《民事诉讼法》第209条）；二是审判管理权，如决定审理期限的延长（《民事诉讼法》第152条、第183条、第187条、第215条）、指定合议庭的审判长（《民事诉讼法》第44条）；三是行政性质的命令权，如代表法院决定采取行政性强制措施（《民事诉讼法》第119条、第261条）。而庭长作为法院内部的一级审判领导，其履行指定合议庭的审判长（《民事诉讼法》第44条）等审判管理权，但其在诉讼法律关系中没有任何特殊的法律地位，庭长作为法官参与合议庭时由其担任审判长（《民事诉讼法》第44条），但作为合议庭的成员之一，庭长与合议庭其他法官享有完全平等的法律权限。

在最高人民法院的规范性文件中正式明确院长、庭长参与裁判过程并赋予其一定权限的是2002年《最高人民法院关于人民法院合议庭工作的若干规定》，即院长、庭长可以对合议庭的评议意见和制作的裁判文书进行审核，但是不得改变合议庭的评议结论；院长、庭长在审核合议庭的评议意见和裁判文书过程中，对评议结论有异议的，可以建议合议庭复议，

---

① 傅郁林：《司法责任制的重心是职责界分》，载《中国法律评论》2015年第4期。

同时应当对复议的问题及理由提出书面意见。合议庭复议后，庭长仍有异议的，可以将案件提请院长审核，院长可以交审判委员会讨论决定。此外，2010 年《最高人民法院关于进一步加强合议庭职责的若干规定》明确，下列案件可以由合议庭审判长提请院长或者庭长决定组织相关审判人员共同讨论，合议庭成员应当参加：（1）重大、疑难、复杂或者新类型的案件；（2）合议庭在事实认定或法律适用上有重大分歧的案件；（3）合议庭意见与本院或上级法院以往同类型案件的裁判有可能不一致的案件；（4）当事人反映强烈的群体性纠纷案件；（5）经审判长提请且院长或者庭长认为确有必要讨论的其他案件。上述案件的讨论意见供合议庭参考，不影响合议庭依法作出裁判。

综合近年来最高人民法院发布的一系列规范性文件以及司法实践的具体情形，可将院长、庭长行使审判监督管理职权的范围和内容大致归纳如下：一是监督法官是否在其非授权范围内独立裁决案件；二是监督法官在授权范围内办理案件是否符合规范化、程序性的要求；三是监督法官在授权范围内裁决案件是否确有错误；四是协助法官处理除行使办案裁决权以外需要处理的其他事项；五是分析法官办案的整体情况并为审判委员会提供决策辅助。概括而言，即为“统一受案、全程管理、动态监督、案后评查”的个案管理；“统计分析、综合考评”的类案管理；“调查研究、法律适用”的宏观指导管理。

（二）法院内部有关主体行使审判监督管理职权的利弊两分

根据《宪法》的有关规定，我国是以法院为中心或本位的司法独立模式。法官在审理案件的过程中，特别是一些大要案、敏感案件、社会影响重大或矛盾容易激化的案件方面，受司法经验和法律认知的局限，绝对地排除院长、庭长对特定案件的监督建议（既包括为法官的裁判提供智识和经验方面的指导与帮助，如指导制定庭审预案、把握案件进展关键节点等，又包括对法官的裁判行为实施恰当的制约，如法官作出与本院或上级法院的类案判决可能发生冲突的判决），而由法官直接对外签发裁判文书，法院整体将承担着不可估量的司法公信力危机。一方面，从当前我国审判实践情况来看，院长、庭长在处理重大、疑难、复杂案件方面具有较为丰富的审判实务经验；另一方面，从当前司法体制和司法环境来看，对司法公正的保障不能过度依赖事后监督和责任追究，事前、事中的裁判质量监督控制仍然是必要的。建立独任庭或合议庭负责—案件评查—审判委员会把关模式并落实司法责任制，对法院来讲，强化的是内部管理监督机制；对法官来讲，强调权责一致，保证了审判权依法公正行使。

但不可否认的是，由于审判管理具有自上而下的“行政化”性质，且不可避免地将审判权运行过程纳入审判管理的控制之下，可能存在阻滞审判权合理配置的种种弊端，具体表现为：一是审判节点控制，即审判管理将案件的审理过程划分成很多环节，每一个环节都受到管理、监督和控制；二是审判效果控制，即通过设置各种指标来强制审判的运行方向和模式，如上诉率、调撤率、改发率、均衡结案率等指标考核。可以说，这样的审判监督管理将导致审判权难以按照司法规律进行合理配置。[①]

综上，我们既要依法强化独任法官、合议庭在案件审判中的主体地位，发挥独任法官、合议庭的应有作用，又要保证法院对个别性司法行为的控制力，尤其是保持法院矫正个别性司法行为偏差的能力。

（三）合理划定法院内部有关主体行使审判监督管理职权的范围——兼议院庭长“阅核制”

2015 年，最高人民法院四五纲要明确提出“健全完善审判权力运行机制”的总体目标任务，即要建立中国特色社会主义审判权力运行体系，完

① 参见李秀霞：《三权分离：完善司法权运行机制的途径》，载《法学》2014 年第 4 期。

善以审判权为核心、以审判监督权和审判管理权为保障的审判权力运行机制，落实审判责任制，做到让审理者裁判，由裁判者负责。2017 年 4 月，最高人民法院先后发布《关于落实司法责任制完善审判监督管理机制的意见（试行）》和《关于加强各级人民法院院庭长办理案件工作的意见（试行）》两个文件，就如何进一步完善人民法院审判监督管理机制，正确处理充分放权与有效监管的关系，切实加强各级法院的院长、庭长办案工作，规范人民法院院长、庭长审判监督管理职责作出具体规定。

应当说，进一步推进司法权去行政化改革，并非一刀切式地取消院长、庭长的审判监督管理职权，而是要祛除司法权内部管理监督机制的行政化魅影。其基本点是：一方面，坚决祛除行政权对司法权的干预，即法院行政领导不得以任何形式插手案件审理或干预裁判结果；另一方面，在此基础上，遵循司法规律，通过建立内部管理监督机制对法官行使审判权构成制约，促使法官提升司法能力、规范司法行为，使司法系统整体赢得社会各界的信任。详述如下：

一是拒绝内部行政干涉，建立以法官为中心的内部管理机制。司法责任制改革后，全国各地法院通过组建审判团队，将过去审判权运行的金字塔式组织结构改变为“院长—（主管副院长①）—（庭长②）—审判团队”，实现了法院内部扁平化管理运作模式。即除了法律规定的由院长行

① 从维持法院正常运转来看，法院内部设置 1 名院长和 1 名专职副院长即可。院长负责法院的全面工作，享有最高的司法行政管理权，但在案件审判方面他/她仅是一位进入法官员额的普通法官。对于普通案件，院长可以作为审判长参加合议庭并主持法庭审理。对于重大、疑难和复杂案件而言，院长可以决定将某些个案提交专业法官会议、审判委员会讨论。至于专职副院长，作为法院内部“专职行政管理者”，他/她不需进入法官员额，也不从事任何审判工作，仅在对院长负责的前提下，全面处理法院内部的各项司法行政事务。

② 辽宁省葫芦岛市中级人民法院自 2014 年起打破了在原有业务庭之下设置合议庭的层级结构，取消全部业务庭，建立“一个合议庭即一个审判庭的模式”，即将原有 13 个业务庭重新划分为立案、审理、执行、评查四大类共 25 个合议庭。广东省珠海市横琴新区人民法院自 2014 年起也取消了所有审判庭，在全院设置了 8 位专职法官，分别负责立案、审理、判决和执行工作。按照司法责任制改革的要求，逐步废除业务庭或审判庭，逐步取消庭长、副庭长的职务设置可能是实现法院内部扁平化管理的必然趋势。

使的程序审批权和院长、庭长按照司法责任制要求进行审判管理、监督和指导外，其不再以行政领导身份直接介入和影响个案审理；个别案件的裁判除提交审委会决定外，应当全部由审判组织完全独立行使权力并承担相应责任。这样才能使法官成为真正和完全意义上的法官，实现“审理者裁判，裁判者担责”的改革目标。2015 年《完善司法责任制意见》明确规定，除审判委员会讨论决定的案件以外，院长、副院长、庭长对其未直接参加审理案件的裁判文书不再进行审核签发。遗憾的是，目前未有法律、司法解释以及其他规范性文件对其违反后果作出规定。建议立法明确“案件审批得成为案件上诉审或再审发回重审的理由”以及“行政权主动介入案件审判以非法履职处理”等规定。

二是明确院长、庭长审判监督管理职权，合理完善审判流程设置。2015 年《完善司法责任制意见》明确院长的审判监督管理职权为从宏观上指导法院各项审判工作，组织研究相关重大问题和制定相关管理制度，综合负责审判管理工作，主持审判委员会讨论审判工作中的重大事项，依法主持法官考评委员会对法官进行评鉴。庭长的审判监督管理职权为从宏观上指导本庭审判工作，研究制定各合议庭和审判团队之间、内部成员之间的职责分工，负责随机分案后因特殊情况需要调整分案的事宜，定期对本庭审判质量情况进行监督。另外，应把院长、庭长根据法律规定和内部规则实施的审批事务，包括期限性事务（审限延长、扣除、诉讼中止等）、措施性事务（诉讼保全、回避、先予执行、诉讼强制等）以及其他事务（合议庭人员变更、庭审直播、不公开审理等），以及院长、庭长根据职权配置对部分案件的审核事务，与合议庭审判人员的审判行为一起编入审判流程，使之成为流程中的某些节点。此外，对院长、庭长的这些行为配以相应的时限或设置相应的评价分析程序，由此形成对院长、庭长行为的有效约束，保证审判流程管理的科学、有效。

三是严格限定院长、庭长行使审判监督管理职权介入案件审判的范围、方式与效果。(1) 严格限定介入的案件范围。2015 年《完善司法责任制意见》根据案件审理的难易程度以及案件办理的实际需求，划定了院长、副院长、庭长行使审判监督管理权介入案件的“四类案件”范围，即涉及群体性纠纷，可能影响社会稳定的；疑难、复杂且在社会上有重大影响的；与本院或者上级法院的类案判决可能发生冲突的；有关单位或者个人反映法官有违法审判行为的。(2) 严格限定介入的方式。就个案裁判活动而言，院长、副院长、庭长的介入，除了体现为依照法律规定批准或决定某些程序性事项外，主要为有权要求独任法官或者合议庭报告案件进展和评议结果，也可应合议庭要求，参与某些案件的讨论。院长、庭长针对特定个案监督建议的时间、内容、处理结果等应当在案卷和办公平台上全程留痕。(3) 严格限定介入的效果。院长、副院长、庭长对于案件的审理过程或评议结果，如果与独任法官或合议庭的意见不一致，院长、副院长、庭长不得直接改变合议庭的意见，只可决定将案件提交专业法官会议、审判委员会进行讨论。

基于上述，最后让我们理性客观地分析当前实务界和理论界热议的院庭长“阅核制”。2023 年 7 月，全国大法官研讨班提出“四类案件”之外的案件，原则上庭领导都应当“阅核”，重大案件报院领导“阅核”。2023 年 9 月 8 日，在国家法官学院 2023 年秋季开学典礼暨“人民法院大讲堂”上，最高人民法院党组书记、院长张军就如何加强审判管理，提升审判质效提出，要以“阅核制”为抓手，落实院庭长监督管理责任，严把案件裁判质量，并就“阅核制”根本区别于“审批制”、“阅核制”不是司法行政化、“阅核制”责任划分等问题进行了阐述。① 第一，“阅核制”根本区别于“审批制”。按照“审批制”，院庭长不同意合议庭、独任法官意见的，可以直接调整、改变合议庭、独任法官裁判意见，进而导致审者不

① 参见孙航：《一堂课，把“审判管理现代化”讲明白——“阅核”与“审批”不同的理据》，载《人民法院报》2023 年 9 月 10 日，第 1 版。

判、判者不审，司法责任不清、错案难以追责。“阅核制”则是依法落实院庭长法定职责。庭长不同意合议庭、独任法官意见的，不能直接调整、改变，可以建议复议、提请专业法官会议讨论、报请院领导提交审判委员会讨论。在“阅核制”中，裁判仍由法定审判组织依法作出。第二，“阅核制”不是司法行政化，而是院庭长的双重法定职责。院庭长作为“阅核”履责的主体，因其由人大及其常委会任命，不仅依法享有法官审判案件的权力和责任，还负有院庭长审判管理的权力和职责。党中央关于深化法治领域改革、深化政法领域改革的部署明确要求“完善司法权力运行监督管理机制”“完善领导干部履行监督管理职责考评、追责机制”。法官能力素质提升、审判工作经验总结、案件整体质效保障，都迫切要求院庭长依法履行审判管理职责。第三，“阅核制”的责任划分。院庭长“阅核”案件后如果发生错案，要承担领导责任、审判管理责任。合议庭、独任法官全面、如实报告案件情况后，院庭长“阅核”同意处理意见，或者复议意见与“阅核”意见一致，出现错误裁判的，院庭长要承担领导责任、审判管理责任。合议庭、独任法官没有全面、如实报告案件审理情况，导致错误裁判的，院庭长如果在“阅核”过程中没有发现问题，仍要承担失职渎职责任。

关于“阅核制”，有学者提出以下质疑①：尽管最高人民法院强调，“阅核制”根本区别于“审批制”，但无论“审批”或是“阅核”的主体是否能够直接改变法官先前独立审判作出的结论，其最终均会实质性影响法官裁判，因此，院庭长“阅核制”是否会重新定义司法责任制的改革方向？案情信息的间接性和不充分性，加上繁重的阅核工作压力，如何保证

① 参见傅郁林：《“阅核制”冲撞司法责任制的风险评估》，载《上海法治报》2023年10月13日，B7版；冀祥德：《“阅核”应如何恰如其分融入诉讼制度改革》，载《上海法治报》2023年10月13日，B7版；杨波：《以“阅核制”提升案件质效之审思》，载《上海法治报》2023年10月13日，B7版。

负责阅核的院庭长一定比直接审理案件、直接受司法责任制约束的合议庭、独任法官得出正确概率更高的结论？

应当说，上述质疑客观公允也十分及时。我们认为，首先，“阅核制”不会改变司法责任制的改革方向。司法责任制的本质要求是“让审理者裁判、由裁判者负责”，但司法责任和审判权力并非简单系于法官个人和合议庭身上。我国《宪法》第131条规定人民法院独立行使审判权。《人民法院组织法》第33条规定合议庭、独任法官审理案件，对案件的事实认定和法律适用负责。人民法院应当加强内部监督，审判活动有违法情形的，应当及时调查核实，并根据违法情形依法处理。由此可知，受理案件的是人民法院，作出裁判的是代表人民法院行使审判权的合议庭、独任法官。人民群众在每一个司法案件中感受到公平正义，离不开公正高效权威的人民法院及其法官队伍。因此，“让审理者裁判、由裁判者负责”与专业法官会议、审判委员会以及院庭长履行审判监督管理职责对裁判质量把关并行不悖，其共同致力于维护司法公正。“阅核制”是人民法院、院庭长依据审判监督管理职权和责任清单对合议庭、独任法官作出的裁判文书进行质量把控的内部监督管理机制。当然，院庭长履行审判监督管理职责时，应当在卷宗或办案平台标注，全程留痕。

其次，应将院庭长“阅核”的对象范围限制在法律适用上。院庭长并未直接参与案件的审判活动特别是庭前证据交换、开庭审理环节，不宜直接对案件的证据采信、事实认定进行审查，但将院庭长的经验性判断以“阅核”的方式融入特定司法活动中，也许既能统一法律适用，做到类案类判，又能以法院为单位，适应不同地区风俗、文化、经济条件带来的法律适用上的区别。[①]

最后，应配套相应机制保障阅核意见切实发挥参考效力。阅核意见虽

① 冀祥德：《“阅核”应如何恰如其分融入诉讼制度改革》，载《上海法治报》2023年10月13日，B7版。

在裁判行为意义上对审判者不具有约束力，但其参考效力仍应配套相应机制予以保障。即合议庭、独任法官应充分考虑阅核意见的专业性和合理性以及是否应予采纳。对与合议庭、独任法官的判断或决定存在矛盾冲突的阅核意见，合议庭、独任法官不予理睬或者应当采纳而不予采纳的，院庭长可以按照职权视情建议合议庭、独任法官复议。院庭长对复议结果有异议的，可以决定将案件提交专业法官会议讨论，或者按照程序提交审判委员会讨论决定，但不得直接改变合议庭意见。院庭长监督管理的情况应当在办案平台全程留痕，或者形成书面记录入卷备查。

（四）兼具辅助办案、决策参考、监督管理等功能的专业法官会议

专业法官会议最直接的源流可以追溯到庭务会制度。2000 年 7 月 11 日最高人民法院审判委员会第 1123 次会议通过《人民法院审判长选任办法（试行）》，审判长联席会议开始作为司法实践中长期存在的一种非正式审判制度，特别是在中级人民法院和高级人民法院发挥重要作用。2004 年 12 月 3 日，北京市房山区人民法院召开首次法官联席会议，会上公布了《法官联席会议规则》。《法官联席会议规则》规定了法官联席会议的五项工作职责，包括对疑难案件和新类型案件进行研究论证，提出指导性意见；对审判中遇到的法律适用问题进行研究论证，提出如何适用法律意见；针对法官职业特点，邀请专家学者与法官交流或开展专题调研、组织考察活动；针对案件审判质量、效率和审判管理等方面存在的问题组织论证，提出建议；完成有关部门提出的调研。应当说，法官联席会议制度的建立，为法官彼此之间开展法学研究、交流及考察提供了平台，使法官能够自主及时研究解决审判工作中遇到的难点问题和疑难案件，保障案件审判的质量和效率，并进一步统一裁判尺度，实现审判资源共享。2006 年 9 月，北京市朝阳区人民法院学习借鉴北京市房山区人民法院的经验，建立

法官会议制度，并在民事、刑事审判领域试行，同时配套出台《法官联席会议规则》及《各庭法官会议规则》。法官会议制度的具体内容包括：法官会议制度分为法官联席会议制度和庭内法官会议制度。法官联席会议由富有审判经验并具有一定法学理论素养的现职法官组成，分为固定参加人员与临时参加人员两部分，并设立秘书组负责日常性工作。庭内法官会议由本庭室全体法官组成。法官联席会议主要负责研究业务庭室报送的重大疑难复杂案件、新类型案件及其法律适用问题并提出指导性意见；研讨刑事、民事调研、宣传中的新情况、新问题；协调各审判业务庭室及各合议庭、法官之间的法律观点，统一司法尺度。庭内法官会议除负责对本庭内重大疑难以及新类型案件进行研究并提供参考意见外，还承担组织本庭室法官业务培训的职责。法官会议采民主集中制原则，经研究讨论后做出相对集中的指导性意见。法官联席会议每月召开一次，由审判长轮流主持，主管院长在必要时可决定召开临时会议；讨论事项由各庭室报秘书组，由秘书组报主管院长决定；做出的指导性意见如有分歧，经主管院长同意报请审判委员会研究决定。庭内法官会议每两周召开一次，由各法官轮流主持，庭长在必要时可临时决定召开会议；会议对个案做出的参考性意见如与合议庭或承办法官意见不一致，经庭长同意报请法官联席会议讨论决定。

作为一项实践先行的制度，经过地方法院多年的探索，审判长（法官）联席会议逐渐形成了一系列较为成熟的机制。2010 年 1 月 11 日，最高人民法院公布《关于进一步加强合议庭职责的若干规定》，其中第 7 条规定重大、疑难、复杂或者新类型的案件；合议庭在事实认定或法律适用上有重大分歧的案件；合议庭意见与本院或上级法院以往同类型案件的裁判有可能不一致的案件；当事人反映强烈的群体性纠纷案件；经审判长提请且院长或者庭长认为确有必要讨论的其他案件五类案件可以由审判长提请院长或者庭长组织相关审判人员共同讨论，合议庭成员应当参加。案件讨论意见供合议庭参考，不影响合议庭依法作出裁判。作为司法责任制改革的重要成果，在审判长（法官）联席会议的基础上，2015 年最高人民法院四五纲要明确指出，“完善主审法官会议、专业法官会议机制”。2015 年 9 月 21 日《完善司法责任制意见》提出：“人民法院可以分别建立由民事、刑事、行政等审判领域法官组成的专业法官会议，为合议庭正确理解和适用法律提供咨询意见。”由此专业法官会议制度正式确立。2017 年 7 月 31 日《最高人民法院司法责任制实施意见（试行)》对专业法官会议的设立范围、案件类型、提交报请等事项进一步细化规定。2018 年，最高人民法院相继颁布《关于健全完善人民法院主审法官会议工作机制的指导意见(试行)》《关于进一步全面落实司法责任制的实施意见》，尽管两部文件中提到的均为主审法官会议，但实际与专业法官会议并无差异，只是称谓不同。2020 年 7 月印发的《最高人民法院关于深化司法责任制综合配套改革的实施意见》，进一步将“科学构建类案检索初步过滤、专业法官会议研究咨询、审判委员会讨论决定”作为新型审判权力运行体系的基础制度框架。

为进一步激发专业法官会议的制度效能，健全新型审判权力运行机制，推动司法责任制全面落实落地，最高人民法院于 2021 年 1 月发布《关于完善人民法院专业法官会议工作机制的指导意见》（以下简称《指导意见》)。正确理解专业法官会议工作机制需重点把握以下重要问题[①]：

一是制度定位。《指导意见》第 1 条明确规定，专业法官会议是人民法院向审判组织和院庭长（含审判委员会专职委员）履行法定职责提供咨询意见的内部工作机制。换言之，专业法官会议既非法定审判组织，亦非法定诉讼程序，只是嵌入审判权力运行体系的内部机制或咨询平台，其主要发挥辅助办案决策、统一法律适用、加强审判监督管理等功能作用。有

---

① 参见刘峥、何帆、马骁：《〈关于完善人民法院专业法官会议工作制度的指导意见〉的理解的适用》，载《人民法院报》2021 年 1 月 14 日，第 5 版。

关辅助办案决策，专业法官会议讨论形成的办案意见，仅供审判组织作裁判或院庭长行使审判监督管理职权时参考，不能越位成为决定案件结果的依据。司法实践中，独任庭、合议庭若有充足理由，可以不受专业法官会议讨论意见约束，按照司法责任制要求独立作出判断。另外，即使专业法官会议讨论意见与独任庭、合议庭一致，院庭长也可以根据审判监督管辖权限，按程序将案件提请审判委员会讨论。特别需要注意的是，专业法官会议提供的只是咨询意见，而非决定性意见。按照“权责一致”原则，审判责任仍应归由承办案件的审判组织承担。院庭长履行审判监督管理职权不力的，也应承担相应责任。当然，对于因案外因素或谋取利益，在专业法官会议上故意发表错误意见的行为，一样应当承担纪法责任，但并非违法审判责任。此外，专业法官会议的意见虽然仅供参考、咨询之用，但其是推动审判组织复议、院庭长监督、审判委员会讨论的关键节点，人民法院应当规范专业法官会议的运行机制，确保会议全程留痕、内容入卷备查。

二是讨论范围。《指导意见》第 4 条规定，专业法官会议主要讨论案件的法律适用问题或者与事实认定高度关联的证据规则适用问题。其中，中级人民法院、基层人民法院因侧重化解矛盾纠纷、定分止争，可以更多讨论具体个案中的法律适用或证据规则适用问题，以推动绝大多数案件在两审之内公正、高效解决。高级以上人民法院由于侧重统一裁判尺度、监督指导下级法院，应当以研究讨论具有审判指导价值或裁判规则意义的法律适用问题为主，并将会议成果作为研究制定司法指导性文件的重要参考。此外，独任庭、合议庭办理案件时，存在五类情形之一的，应当建议院庭长提交专业法官会议讨论，具体包括：独任庭认为需要提交讨论的；合议庭内部无法形成多数意见，或者持少数意见的法官认为需要提交讨论的；有必要在审判团队、审判庭、审判专业领域之间或者辖区法院内统一法律适用的；属于《最高人民法院关于完善人民法院司法责任制的若干意见》第24条规定的“四类案件”[①]（包括涉及群体性纠纷，可能影响社会稳定的；疑难、复杂且在社会上有重大影响的；与本院或者上级法院的类案判决可能发生冲突的；有关单位或者个人反映法官有违法审判行为）；其他需要提交专业法官会议讨论的。

三是意见效力。《指导意见》第11条首先明确规定，专业法官会议讨论形成的意见仅供审判组织和院庭长参考，具有参考效力。其次对专业法官会议讨论意见的效力作了适度区分：第一，经专业法官会议讨论的“四类案件”，独任庭、合议庭应当及时复议。如果专业法官会议没有形成多数意见，独任庭、合议庭复议后的意见与专业法官会议多数意见不一致，或者独任庭、合议庭对法律适用问题难以作出决定的，应当层报院长提交审判委员会讨论决定。第二，对于“四类案件”以外的其他案件，如果专业法官会议没有形成多数意见，或者独任庭、合议庭复议后的意见仍然与

---

① “四类案件”具体包括：（1）涉及群体性纠纷，可能影响社会稳定的案件，包括：①一方当事人人数较多的劳动争议、劳动报酬、商品房买卖、房屋拆迁、民间借贷、农村土地经营权流转等涉民生的民商事、执行案件；②涉黑涉恶、集资诈骗、非法吸收公众存款等涉众型犯罪案件；③涉土地征收、房屋拆迁等可能引发批量诉讼的行政案件；④涉及本市重要产业、重大项目工程、重点企业的群体诉讼案件；⑤有集体信访倾向的案件；⑥选民资格案件，强制清算与破产案件；⑦可能引起或正在发生舆情的案件；⑧其他涉及群体性纠纷，可能影响社会稳定的案件。（2）疑难、复杂且在社会上有重大影响的案件，包括：①涉及政治安全、国家外交、国防安全、民族宗教、社会稳定、国家利益、社会公共利益的重大案件，公益诉讼案件以及新类型案件；②院长依法发现需要提起再审的案件；③可能对政法机关形象和执法司法公信力产生重大影响的案件；④公安机关、检察院、法院对案件处理存在重大意见分歧的案件；⑤合议庭意见存在重大分歧，且经专业法官会议讨论仍难以形成多数意见的案件；⑥可能判处死刑的案件、作出无罪判决案件、法定刑以下判处刑罚案件、判处缓刑的案件、免于刑事处罚的案件、职务犯罪大要案件，涉外、涉侨、涉港澳台犯罪案件，人大代表、政协委员、司法人员等特殊主体犯罪案件；⑦拟就法律适用问题向上级人民法院请示的案件，需要报请移送上级人民法院审理的案件；⑧一年以上未结案件或被告人被羁押三年以上的久押不决案件；⑨重大敏感案件等。（3）可能与类案判决发生冲突的案件，包括：①可能与最高人民法院公布的指导性案例发生冲突的案件；②可能与上级法院发布的案例、裁判指引等发生冲突的案件；③可能与本院或上级法院类案的生效判决发生冲突的案件；④发回重审或指令再审案件；⑤一、二审承办法官争议较大或合议庭争议较大的改判案件。（4）有关单位或者个人反映法官有违法、违纪行为的案件，包括：①当面或以书面方式反映法官与当事人、律师、诉讼代理人存在不正当交往，或长期未结、久调不判、久拖不执、裁判不公，或办理人情案、关系案、金钱案，院庭长认为可能涉嫌违反审判纪律的案件；②纪检监察机关或部门发现法官违法违纪的线索或接到举报后，经初步审查认为可能涉嫌违法违纪的案件。

专业法官会议多数意见不一致的，院庭长可以综合考虑案件复杂程度、监督管理需要，决定是否将案件提请审判委员会讨论决定。

四是与审判委员会制度的衔接。《最高人民法院关于深化司法责任制综合配套改革的实施意见》第9条明确规定，对于依法应当提请审判委员会讨论决定、但不存在内部分歧的案件，可以不提交专业法官会议讨论。《指导意见》第12条细化了可以直接提请审判委员会讨论的情形，即：第一，为提升办案效率，一些案件依法必须由审判委员会讨论决定，但合议庭内部，或者独任庭、合议庭与院庭长之间并不存在分歧的；第二，为减少流转环节，一些规模不大法院的专业法官会议组成人员与审判委员会委员重合度较高，一律要求专业法官会议先行讨论只会徒增办案环节的；第三，确因其他特殊事由无法或者不宜召开专业法官会议讨论，由院长决定提请审判委员会讨论决定的案件。鉴于专业法官会议并非法定办案环节，可以不做刚性要求。

第五章　民事审判权程序保障机制

——以审判为中心诉讼制度改革

2014年10月，党的十八届四中全会通过的《中共中央关于全面推进依法治国若干重大问题的决定》（以下简称《决定》）提出了一系列司法改革新举措，其中"推进以审判为中心的诉讼制度改革"特别引人注目。因为它是我们党从全面推进依法治国，加快建设社会主义法治国家，坚持严格司法、确保司法公正的现实需要和长远考虑所作出的重大改革部署。2015年最高人民法院四五纲要将"以审判为中心的诉讼制度改革"的目标细化为7项具体任务、65项改革措施，其中，全面贯彻证据裁判原则、强化人权司法保障机制、完善民事诉讼证明规则等是改革的重点和难点。

一、推进以审判为中心的诉讼制度改革的重大意义

党的十八届四中全会《决定》提出，要推进以审判

为中心的诉讼制度改革，确保侦查、审查起诉的案件事实和证据经得起法律的检验。习近平总书记在《关于〈中共中央关于全面推进依法治国若干重大问题的决定〉的说明》中指出："推进以审判为中心的诉讼制度改革，目的是促使办案人员树立办案必须经得起法律检验的理念，确保侦查、审查起诉的案件事实证据经得起法律检验，保证庭审在查明事实、认定证据、保护诉权、公正裁判中发挥决定性作用。这项改革有利于促使办案人员增强责任意识，通过法庭审判的程序公正实现案件裁判的实体公正，有效防范冤假错案产生。"习近平总书记对《决定》所作说明以及相关重要讲话精神，充分说明推进以审判为中心的诉讼制度改革，是遵循诉讼规律、司法规律、法治规律的必然要求。2014 年 1 月，习近平总书记在出席中央政法工作会议[①]时就明确指出："司法活动具有特殊的性质和规律，司法权是对案件事实和法律的判断权和裁决权。"而法庭审理是确保案件公正处理的最终场域，在诉讼程序中坚持以审判为中心，其目的就是要切实发挥审判程度应有的终局裁断功能及其对审前程序的制约引导功能。可以说，推进以审判为中心的诉讼制度改革，从根本上讲是由司法审判的最终裁判性质所决定的。由此，推进以审判为中心的诉讼制度改革，是现代诉讼制度的应有之义，是程序法治应有的标准，是法治社会应有的状态，是确保司法公正的必然要求。

---

① 每年年初，由中央政法委组织召开全国性的政法工作会，已经成为基本固定的工作惯例，主要任务是确定新的一年里中央将在政法领域的施政重点和优先方向。值得关注的是，2014 年的政法工作会，显露出与以往不同的诸多新意：一是会议名称发生变化。2014 年政法工作会的会议名称，由以往的全国政法工作会议变为中央政法工作会议，这是一个容易被忽视但却相当重要的观察点，这意味着政法工作会已经成为与中央经济工作会议等同等重要的高规格会议，是执政党加强政法工作的政治信号。二是出席会议的领导有变化。2014 年，习近平总书记亲自出席中央政法工作会议并发表重要讲话。他深刻阐述了事关政法工作全局和长远发展的重大问题，提出了一系列新思想、新观点、新要求，为新时期政法工作科学发展指明了方向。党的总书记出席政法工作会，凸显政法工作已经成为党中央施政的优先方向，而上一次党的总书记出席政法工作会，是 2007 年 12 月胡锦涛同志与全国政法工作会议代表和全国大法官、大检察官座谈并发表重要讲话。总之，2014 年的政法工作会，从会议名称到领导规格，从会议内容到会议形式，充分体现了以习近平同志为核心的党中央在新时代全面推进依法治国的坚强决心和信心。

在这里，有一个重要问题需要澄清，即以审判为中心的诉讼制度改革是否可以简单等同于以法院为中心的诉讼制度改革？答案是否定的。我们知道，无论是民事诉讼、刑事诉讼、还是行政诉讼，审判都是在审判组织（独任法官、合议庭）的主持下，由诉辩（控辩）双方和其他诉讼参与人共同参与的诉讼活动，每一个案件的审判都是独立存在的，案件裁判的结果虽然是由独任法官或合议庭作出，但裁判的基础均取决于诉辩（控辩）双方的质证和辩论情况。特别是在刑事诉讼中，以审判为中心，是就侦查、审查起诉和审判这三个诉讼程序之间的相互关系而言的，而不是就公安、检察、法院三个机关之间的相互关系而言。因此，把“以审判为中心”简单地理解为“以法院为中心”，是对相关改革措施的一种误读。

二、以审判为中心的刑事诉讼制度改革要义

推进以审判为中心的刑事诉讼制度改革，是党的十八届四中全会作出的重大决策。2016 年 6 月中央全面深化改革领导小组第 25 次会议审议通过最高人民法院、最高人民检察院、公安部、国家安全部、司法部《关于推进以审判为中心的刑事诉讼制度改革的意见》。2017 年 2 月最高人民法院印发《关于全面推进以审判为中心的刑事诉讼制度改革的实施意见》，同年 11 月又印发《人民法院办理刑事案件庭前会议规程（试行）》、《人民法院办理刑事案件排除非法证据规程（试行）》和《人民法院办理刑事案件第一审普通程序法庭调查规程（试行）》，就庭前会议、非法证据排除、证人出庭等配套制度作出具体规定，推进以审判为中心的刑事诉讼制度改革。

（一）制度改革的基本内涵

为深化以审判为中心的刑事诉讼制度改革，需要全面理解把握此项改

革的基本内涵。学界关于“以审判为中心”的内涵解读出现了“以审判为中心”“审判中心主义”“庭审实质化”“庭审中心主义”等相互解释的状况。[①] 通过现实语境考察，“以审判为中心”是一种实践上的语态（状态描述）。“审判中心主义”是一种学术上的理论主张，其含义是整个诉讼制度的建构和诉讼活动的展开应围绕审判进行。而“庭审实质化”“庭审中心主义”主要是指审判环节中的庭审活动的功能重塑。除此，“以审判为中心”还涉及诉讼权力（利）的配置、审判权独立行使等问题。“以审判为中心”，在横向职能层面，刑事诉讼强调侦查、审查起诉、审判三个阶段，民事诉讼强调当事人的诉权与法院的审判权之间的博弈和平衡；在纵向程序层面，刑事诉讼和民事诉讼均强调一审、二审或者再审程序中以一审程序为中心，在一审程序中以法庭审判为中心。

应当说，在刑事诉讼中，“以审判为中心”针对的是整个刑事诉讼程序，特别强调审判对侦查、审查起诉等诉讼活动的影响甚至主导作用，这恰恰是该项诉讼制度改革最引人注目之处。即“以审判为中心”是相对于刑事司法其他权力功能而言，由此确定侦查、审查起诉必须按照审判的要求进行。因此，在刑事诉讼中，“以审判为中心”是指侦查、审查起诉活动应当面向审判、服从审判要求，同时发挥审判在认定事实、适用法律上的决定性作用。审判应发挥实质性审查判断和裁决功能。[②] 而庭审是法庭审判活动的核心，以审判为中心的实质是以庭审为重心。因为，只有庭审

---

① 参见陈卫东：《以审判为中心推动诉讼制度改革》，载《中国社会科学报》2014 年 10 月 31 日，A05 版；樊崇义、张中：《论以审判为中心的诉讼制度改革》，载《中州学刊》2015 年第 1 期；王守安：《以审判为中心的诉讼制度改革对检察工作的影响》，载《人民检察》2014 年第 22 期；汪海燕：《论刑事庭审实质化》，载《中国社会科学》2015 年第 2 期；许克军、秦策：《“庭审中心主义”内涵新释——基于学理视角的分析》，载《中共南京市委党校学报》2015 年第 6 期；顾永忠：《“庭审中心主义”之我见》，载《法制资讯》2014 年第 6 期；蒋惠岭：《重提“庭审中心主义”》，载《法制资讯》2014 年第 6 期；陈卫东：《以审判为中心：解读、实现与展望》，载《当代法学》2016 年第 4 期；张能全：《论以审判为中心的刑事司法改革》，载《社会科学战线》2015 年第 10 期。

② 参见龙宗智：《“以审判为中心”的改革及其限度》，载《中外法学》2015 年第 4 期。

才能通过举证、质证、辩论有效实现对不同主张和根据的“兼听、辩论与质疑”；只有庭审才能保证事实认定的亲历性，即事实判定者直接接触、审查、认定证据，直接听取控辩意见和理由，并作出判断；只有庭审才能保证诉讼的公开，以公开促公正；只有庭审才能通过集中、规范的程序安排，实现正当程序或价值平衡程序理念。具体而言，在审判中心主义与正三角形诉讼构造下，侦查机关调查事实、收集证据的活动实际上是一种查明活动。公诉机关运用证据向裁判者阐明、论证自己主张的活动属于证明活动。而裁判者根据控辩双方的证明，甄别、判断哪一方的主张成立的活动属于判明活动。查明活动的范围一般不受限制，而裁判者只能在控辩双方的证明范围内进行判明活动。此外，侦查机关的查明活动、公诉机关的证明活动应紧紧围绕裁判者的判明活动展开，并以裁判者的判明方法和标准调整自己的活动。①

综上所述，以审判为中心的刑事诉讼制度改革至少应包含三个层面的内容②：一是突出审判在诉讼中的中心地位。即刑事公诉案件的整个诉讼制度和诉讼活动都要围绕审判这一中心来建构和展开。要强调审判对案件的终局裁判功能。只有经过审判才能对被告人定罪量刑，确保审判对案件事实认定、证据采信、法律适用、作出裁决起到决定性和最终性作用。要强调审判对侦查、审查起诉等诉讼活动的引导和制约功能，其他诉讼活动要按照审判的标准和要求进行，确保侦查、审查起诉的案件事实证据经得起法律的检验。二是突出庭审在审判中的关键地位。要充分发挥庭审在查明事实、认定证据、保护诉权、公正裁判中的决定性作用，实现“事实证据调查在法庭、定罪量刑辩论在法庭、判决结果形成在法庭”，使法庭庭

---

① 参见卞建林：《查明　证明　判明》，载《检察日报》2002 年 1 月 10 日，第 3 版；杨迎泽、孙锐：《以审判为中心与刑事证明理论体系的重构》，载《中国检察官》2016 年第 2 期上。

② 参见于同志：《深化以审判为中心的刑事诉讼制度改革》，载《中国应用法学》2023 年第 3 期。

审真正成为确认和解决罪、责、刑的关键环节。三是突出一审在审级中的重心地位。从审级设置看，第一审程序距离案发时间最近，相对更容易查明案件事实。同时，第一审普通程序全面解决案件的事实证据认定和法律适用问题，是最完整的诉讼程序，发挥庭审的决定性作用主要体现在第一审程序上，所以应将一审作为审判程序的重心。上述三个层面的内容紧密结合，能够较为全面地反映出“以审判为中心的刑事诉讼制度”的改革实质。其中，第一层含义涉及侦查、审查起诉、审判三种诉讼职能的合理配置，是最主要的；第二层、第三层含义主要体现在审判体系的机制重构方面，通过突出第一审程序中的庭审功能，影响和带动整个审判程序的实质化，进而传导至审前程序，所以，第二层、第三层含义上的改革意义也十分重大。

（二）制度改革需重点把握的内容

以审判为中心的刑事诉讼制度改革，涉及刑事诉讼模式的调整，由“以侦查为中心”转向“以审判为中心”，也必然涉及司法权的优化配置问题。作为刑事诉讼领域的全局性系统性改革，以审判为中心的刑事诉讼制度改革仍是进行时，仍然在路上。2017 年 2 月《最高人民法院关于全面推进以审判为中心的刑事诉讼制度改革的实施意见》从严格司法原则、庭前准备程序、普通审理程序、证据认定规则、繁简分流机制等内容，提出涵盖审判程序和证据制度等领域亟待改革完善的突出问题，对全面推进以审判为中心的刑事诉讼制度改革具有重要意义。2021 年 1 月中共中央印发《法治中国建设规划（2020—2025 年）》继续提出要深化以审判为中心的刑事诉讼制度改革。[①]

1. 进一步全面贯彻证据裁判规则

党的十八届四中全会《决定》明确要求“全面贯彻证据裁判规则”。《刑事诉讼法》历经数次修法，通过不断调整完善证据制度体系，已初步建成证据裁判体系，具体包括举证责任分配、证明标准、非法证据排除规则、证人保护与出庭规则，以及取证、举证、质证、认证等程序。如前文所述，以审判为中心的刑事诉讼制度改革的实现路径之一是庭审实质化，而庭审实质化的关键就是证据裁判。唯有牢牢抓住证据裁判这个关键，才有可能实现刑事诉讼“以审判为中心”。从构建以审判为中心的刑事诉讼制度角度观察，进一步全面贯彻证据裁判规则需重要把握以下两个方面的内容：

一方面，无罪推定、疑罪从无原则应贯穿刑事诉讼整个程序和全过程。刑事审判是侦、控、辩、审等各方主体参与的诉讼活动，以审判为中心的刑事诉讼制度改革必然要求各专门机关及辩护律师在诉讼程序的各个阶段全面贯彻一体的司法理念和诉讼观念。我国《刑事诉讼法》明确规定，“未经人民法院依法判决，对任何人都不得确定有罪”“证据不足，不能认定被告人有罪，应当作出证据不足、指控的犯罪不能成立的无罪判决”。无罪推定、疑罪从无原则不仅要求法官在审判程序中贯彻落实，更强调在侦查（调查）、审查起诉等环节毫不动摇地予以坚持。各专门机关要严格依照法律规定和法定程序办案，充分保障犯罪嫌疑人、被告人的诉讼权利，既要保障无罪的人不受刑事追究，也要保证有罪的人依法获得公

① 2021年1月中共中央印发《法治中国建设规划（2020—2025年）》提出深化以审判为中心的刑事诉讼制度改革。健全侦查机关调查收集证据制度，规范补充侦查、不起诉、撤回起诉制度。完善庭前会议、非法证据排除制度，规范法庭调查和庭审量刑程序，落实证人、鉴定人、侦查人员出庭作证制度，完善技术侦查证据的法庭调查和使用规则。完善认罪认罚从宽制度，落实宽严相济刑事政策。改革刑事申诉制度，对不服司法机关生效裁判和决定的申诉，逐步实行由律师代理制度。健全落实法律援助值班律师制度，实现刑事案件律师辩护、法律帮助全覆盖。健全有关工作机制，依法从严从快惩处妨碍突发事件应对的违法犯罪行为。

正审判。具体而言，根据《刑事诉讼法》的规定，对犯罪嫌疑人没有犯罪事实，或者具有法律规定不应追究刑事责任的情形的，检察机关应作出不起诉决定；对于补充侦查的案件，侦查机关应当在一个月内补充侦查完毕，补充侦查以二次为限；对证据不足，不能认定被告人有罪的，人民法院应当作出证据不足、指控的犯罪不能成立的无罪判决等。

此外，侦查机关（调查机关）、检察机关要坚持全面收集、移送证据，既要收集、移送证明犯罪嫌疑人、被告人有罪、罪重的证据，也要收集、移送证明其无罪、罪轻的证据。冤假错案的实践证明，侦控机关尤其是侦查机关（调查机关）更要牢固树立无罪推定、疑罪从无理念，如果不重视收集、移送无罪、罪轻的证据，甚至有意忽略已发现的此类证据，将会给案件的公正裁判埋下巨大隐患。同时，无罪推定、疑罪从无原则严格禁止侦控机关采取刑讯逼供等非法方法收集证据，不得强迫任何人自证其罪。人民法院在案件审理中，对当事人、辩护人、诉讼代理人提出的非法证据排除申请，应当认真开展调查，原则上先行进行证据资格审查，对于确认或不能排除是以非法方法收集证据的，应当依法对有关证据当庭排除；不能当庭查清的，要把调查结论及时告知参加庭审的控辩双方，并在裁判文书中明确阐述。要落实口供补强规则，只有被告人供述，没有其他证据的，不能认定被告人有罪和处以刑罚，也不能降格作出“留有余地”的判决。

另一方面，证据裁判规则应贯穿刑事诉讼的整个程序和全过程。以审判为中心的刑事诉讼制度改革，要求各专门机关及辩护律师在诉讼程序的各个阶段一体坚持“证据确实充分、排除合理怀疑”的证明标准，逐步将侦查（调查）终结移送起诉、检察机关审查起诉的证明标准统一到人民法院审判定罪的证明标准上，对定罪证据不足、事实不清的案件，敢于依法及时撤销案件、不起诉或宣告无罪。由此，统一的侦（调）控审证明标准，不仅要求侦查（调查）、审查起诉活动按照审判的证明标准和裁判要求进行，推动侦查机关（调查机关）、检察机关自觉依据法律规定和法定程序办案，规范诉讼行为，提高办案质量；还有利于发挥审前程序的“过滤功能”，将一些达不到审判定罪标准的案件提前分流，在源头上防止事实不清、证据不足或者违反法律程序的案件进入审判程序，最大限度防范冤假错案，节约司法资源。

2. 持续深入推进庭审实质化

推进以审判为中心的刑事诉讼制度改革，要求审判必须切实担负起终局把关职责。以审判为中心的刑事诉讼制度改革，要求把庭审对裁决形成的决定性作用切实发挥出来，这是改革的关键，以此解决以往不同程度存在的庭审形式化、虚置化问题，实现庭审的实质化。换言之，改革的关键是要实现证据调查、定罪量刑等必须在庭审中进行，法官的裁决必须基于庭审中证据调查、法庭辩论的结果而作出。

为此，持续深入推进庭审实质化需要重点把握以下内容：一是需要健全完善以审判为中心与审前阶段的关系。要更好发挥审判程序对审前阶段的制约和引导功能，推动侦查调查、审查起诉标准向审判标准看齐，共同提升案件质量。从诉讼职能定位上看，公安机关（监察机关）与人民检察院是作为刑事公诉的“大控方”一体存在的，深化以审判为中心的刑事诉讼制度改革，需要进一步调整和完善警检关系、监检关系。立足我国实际，检察机关应适当提前介入侦查（调查）程序，引导或指导侦查（调查）活动围绕审判的要求收集、补充证据，特别是对于重大疑难复杂案件的办理十分必要，这样也有助于检察机关开展侦查监督。此外，在庭前准备程序中，人民法院要遵循证据开示原则，促使控辩双方在庭审前均能全面获知与案件有关的信息，并进行充分准备，从而增强法庭控辩的针对性和平等对抗性。

二是需要健全完善以审判为中心与认罪认罚从宽制度的关系。[①] 推进以审判为中心的刑事诉讼制度改革，要推动案件繁简分流、轻重分离、快慢分道。目前大部分刑事案件通过适用认罪认罚从宽制度得以分流处理，在实现简案快审的同时，使得审判资源更多投入以普通程序审理的被告人不认罪案件，有效落实以审判为中心及庭审实质化的各项要求。认罪认罚案件也应坚持以审判为中心，在案件办理过程中，无论是公安机关立案侦查、人民检察院审查起诉，还是人民法院依法审判，都应坚持“证据确实充分、排除合理怀疑”的证明标准。犯罪嫌疑人、被告人在认罪认罚案件中对犯罪事实供认不讳，在一定程度上降低了证明难度，简化了证明程序，但办案不能因为经过控辩协商而放弃客观真实的底线，各办案机关仍应坚持法定证明标准，共同把好案件的质量关。因此，应注意协调好检察主导和以审判为中心的关系，健全完善认罪认罚量刑协商和庭审实质化衔接机制。认罪认罚量刑建议是人民检察院与犯罪嫌疑人协商一致的结果，一般而言，如不具有其他可能影响公正审判情形的，人民法院应当采纳检察机关提出的量刑建议。但法庭审理认罪认罚案件，并不是对量刑建议的简单确认，而是要进行实质性审查，既要对认罪认罚自愿性、真实性、合法性进行全面审查，也要充分发挥庭审在查明事实、认定证据、保护诉权、公正裁判中的决定性作用，确保认罪认罚案件在庭审实质化审理中获得公正裁判。

三是需要健全完善保障庭审实质化的系列配套制度机制。第一，贯彻落实直接言辞原则。直接言辞原则是保障庭审实质化的基本要求之一，强调裁判者的亲历性和被告人对质权的保障，因此重要证人、鉴定人和被质疑违法取证的警察应当出庭接受询问，澄清案件事实。《人民法院办理刑

---

① 参见于同志：《深化以审判为中心的刑事诉讼制度改革》，载《中国应用法学》2023 年第 3 期；汪海燕：《认罪认罚从宽制度视野下的“以审判为中心”》，载《中国法学》2023 年第 6 期；龙宗智：《认罪认罚案件如何实现“以审判为中心”》，载《中国应用法学》2022 年第 4 期。

事案件第一审普通程序法庭调查规程（试行）》第13条规定“控辩双方对证人证言、被害人陈述有异议，申请证人、被害人出庭，人民法院经审查认为证人证言、被害人陈述对案件定罪量刑有重大影响的，应当通知证人、被害人出庭”。要落实刑事诉讼法规定的证人、鉴定人出庭作证制度，采取有效措施包括依法适用强制证人出庭令和训诫、拘留措施等，提高证人、鉴定人出庭作证的比例。直接言辞原则强调作为裁判根据的案件信息应当源于庭审调查和辩论活动，而不能形成于法官庭外的阅卷活动，裁判结论需要对辩护理由给予实质性的回应。要规范和限制书面证言、书面笔录的使用，推动证据主要以口头形式向法庭提出，法庭调查以控辩双方口头辩论、口头质证的方式进行。第二，要完善集中审理、当庭宣判等制度机制，确保举证、质证、认证在法庭，案件事实调查、认定在法庭，诉辩和代理意见发表、辩论在法庭，最终裁判结果形成在法庭，尽可能做到对案件当庭宣判。第三，庭审应当充分保障被告人及其辩护人诉讼权利的有效行使。庭审实质化要求实现辩护的实质化，保障控辩双方展开深入、有效的质证和辩论活动。原则上，控辩双方有异议的重要证人必须出庭接受质证。要客观、审慎对待被告人的“翻供”，既不轻易肯定也不简单否定，要结合全案证据认真审查判断。要依法保障辩护律师的会见权、阅卷权、调查取证权和当庭充分发表辩护意见的权利，认真对待辩护人提出的辩护意见和提交的证据材料，采纳与否应当说明理由，实现辩护的实质化。第四，庭审实质化涵盖一审、二审、再审在内的各审级庭审活动。在一审程序中，庭审实质化主要适用于被告人不认罪或者虽然认罪但较为疑难复杂的案件；二审、再审程序的启动，本身就意味着案件处理存在较大争议，因而有必要通过实质化的庭审加以解决。

3. 进一步发挥一审程序认定事实适用法律的基础性作用

党的十八届四中全会《决定》提出：“完善审级制度，一审重在解决事实认定和法律适用，二审重在解决事实法律争议、实现二审终审，再审重在解决依法纠错、维护裁判权威。”这些要求都体现了以审判为中心的理念。以审判为中心的诉讼制度改革，要进一步发挥一审程序认定事实和适用法律的基础性作用。在审级制度的设计安排中，一审是事实审，一审距离证据信息最近，具有可靠性、全面性等特征，更能够查明案件事实和认定证据。要推动司法资源适当向中级、基层法院倾斜，强化一审审判力量的配置。要完善人民陪审员参与案件事实审理的制度。党的十八届四中全会《决定》提出：“逐步实行人民陪审员不再审理法律适用问题，只参与审理事实认定问题。”2018 年《人民陪审员法》明确规定人民陪审员只参与审理事实认定问题，2019 年《最高人民法院关于适用〈中华人民共和国人民陪审员法〉若干问题的解释》以及 2021 年《最高人民法院关于适用〈中华人民共和国刑事诉讼法〉的解释》进一步细化了相关规定。要逐步建立完善人民陪审员事实认定问题清单制度以及合议表决制度，保障人民陪审员履职的理性化和独立性。就事实认定问题清单制度而言，合议庭审判长应当将检察机关起诉书中涉及的所有犯罪事实均纳入问题列表；除法定情形外，审判长必须严格遵循起诉书所载明的犯罪事实和情节，原则上不得随意增加或变更。就合议表决制度而言，合议庭在认定案件事实时，应按照先人民陪审员再法官、先资浅者再资深者的顺序进行评议和投票表决，少数服从多数；当然，对于被告人可能被判处死刑的案件，可以采取一致同意的规则。要将七人合议庭适用的案件范围限定于被告人不认罪案件，或者被告人认罪但事实认定存在较大争议的案件尤其是被告人可能会被判处重刑的案件，充分发挥人民陪审员制度的功能作用。建议废除人民陪审员的固定任期制，实现人民陪审员确定的随机性。在具体刑事案件审判中，采取从司法辖区内符合条件的常住居民名单中随机抽选人民陪审员的方式，并且其人民陪审员的身份随着案件审判的结束而归于消灭，由此强化人民陪审员的民主代表性，也防范长时期相对“固定化”的人民陪审员会对员额法官形成较强的依赖性，保障人民陪审员依法独立表达自己的观点和意见，切实反映所在社区的集体情感和价值观，夯实司法裁判的民意基础。与此同时，需要完善人民陪审员回避制度，在现行法律关于有因回避的规定之外，对于被抽选出来的人民陪审员人选，增加规定控辩双方有权提出一定次数的无因回避申请。为强化合议庭裁判结论对社区意见的合理吸收，促进当事人和所在社区对裁判结论的认同和接受，可以考虑限制人民陪审员提前阅卷，更不宜组织其庭前阅卷。[①]

三、以审判为中心的民事诉讼制度改革要义

学界对本轮以审判为中心的诉讼制度改革是否适用于民事诉讼领域分歧较大，如“在民事诉讼和刑事自诉领域不存在这一（以审判为中心）问题，原告、自诉人一叩开司法的大门就进入审判阶段，诉讼中不以审判为中心岂可得乎，审判中心主义是顺理成章的事。诉讼要不要以审判为中心，是刑事公诉领域才需要探讨的问题，也只有在这个领域进行探讨才有实质意义”[②]，对此，樊崇义教授也持相同观点。[③] 我们认为，审判中心主义是三大诉讼法需共同研究的问题。刑事公诉因出现“逮捕中心主义”“侦查中心主义”“卷宗中心主义”等诉讼形态，故审判中心主义是作为关系命题而言的。在民事诉讼中，审判中心主义因没有关系对立面，是作为要件命题存在的，并主要是指庭审中心主义或称庭审实质化。换言之，“对以审判为中心的诉讼制度改革的认识不应局限于它适用于哪一类诉讼，而应该将其置于更深刻的高度和更广阔的背景下予以解读，唯有如此，方能凸显此项改革的意义和价值”[④]。其实，早在20世纪80年代末，我国民

① 以上有关人民陪审员制度改革内容，参见周长军：《以审判为中心：一场未完成的改革》，载《法学》2024年第2期。

② 张建伟：《审判中心主义的实质与表象》，载《人民法院报》2014年6月20日，第5版。

③ 参见樊崇义、张中：《论以审判为中心的诉讼制度改革》，载《中州学刊》2015年第1期。

④ 参见王韶华：《“以审判为中心诉讼制度”的三重意蕴》，载《人民法院报》2014年12月12日，第2版。

事司法就开始推行“庭审中心”的审判方式改革。

（一）我国民事司法“庭审中心”改革的历程回顾[①]

建国至20世纪80年代末，我国民事司法采“纠问式开庭”方式，法官在调查取证阶段即形成对案件事实和适用法律的看法[②]，庭审阶段自然不需要原告、被告针锋相对地就证据问题进行质证。换言之，在此阶段，庭审不是民事诉讼领域的中心，法庭外的调查、调解等才是诉讼的中心。

20世纪90年代初，随着我国改革开放的逐步进行，民事和经济纠纷增多，越来越多的案件涌入法院，法院从减轻工作压力的角度出发，迫切需要将其承担的“举证责任”还给当事人。1988年最高人民法院召开全国第14次审判工作会议，指出本着“谁主张、谁举证”的原则，由当事人及其诉讼代理人提供证据。法院认定的案件事实和证据，必须在开庭审理中经过公开调查、公开质证、公开辩论。1990年第5次全国民事审判工作会议再次强调当事人的举证责任，指明“开庭审理的重点应当放在法庭的调查、质证、辩论3个关键环节上”。这意味着在我国民事司法中，实质上解决纠纷的程序阶段已由法庭外的调查、调解等场景转换到法庭上的举证、质证和辩论。1991年《民事诉讼法》第64条在举证责任问题上充分吸收了民事司法改革的成果。1998年最高人民法院颁布的《关于民事经济审判方式改革问题的若干规定》将当事人及其诉讼代理人因客观原因不能自行收集的证据进一步限定为“已提出调查取证的申请和该证据线索的”，由人民法院调查收集，但上述证据经人民法院调查，未能收集到的，仍由负有举证责任的当事人承担举证不能的后果。同时还对法院做好庭前准备

---

① 参见蒋惠岭、杨小利：《重提民事诉讼中的“庭审中心主义”——兼论20年来民事司法改革之轮回与前途》，载《法律适用》2015年第12期。

② 1982年《民事诉讼法（试行）》第56条第2款规定，人民法院应当按照法定程序，全面地、客观地收集和调查证据。第87条第1款规定，审判人员必须认真审阅诉讼材料，进行调查研究，收集证据。

及时开庭、改进庭审方式、证据的审核和认定、加强合议庭和独任审判员职责等问题做出专门规定。2001 年最高人民法院颁布的《关于民事诉讼证据的若干规定》明确规定了庭前证据交换制度。

进入 21 世纪后，《民事诉讼法》进行了五次修订与完善。2012 年修改的《民事诉讼法》在证据制度方面，增加了逾期举证、证人出庭保障、专家辅助人等制度，完善了司法鉴定启动、鉴定人出庭等制度；在庭审中心改革方面，增加规定了法院对案件的程序分流制度，即根据具体情况，将案件分别转入督促程序、庭前调解。对于需要开庭审理的，确定使用简易程序还是普通程序。对需要适用普通程序开庭审理的，通过要求当事人交换证据等方式，明确争议焦点。2021 年《民事诉讼法》的修改，基本与 2019 年开展的民事诉讼程序繁简分流改革试点相关，属于针对试点工作所作的专项修改，具体内容后续专章论述。

2015 年最高人民法院发布的《关于适用〈中华人民共和国民事诉讼法〉的解释》(以下简称 2015 年《民诉法解释》) 在证据制度方面，增加了证明责任分配的一般原则，新增人民法院不予准许当事人调查收集证据申请的情形①，对逾期举证及其后果做出了分层次、分情况予以处罚②等规定；为保障庭审集中进行，对审理前的准备作了进一步的规定。2015 年《民诉法解释》第 224 条规定，人民法院可以在答辩期届满后，通过组织证据交换、召开庭前会议等方式，做好审理前的准备。根据 2015 年《民

---

① 2015 年《民诉法解释》第 95 条明确规定，当事人申请调查收集的证据，与待证事实无关联、对证明待证事实无意义或者其他无调查收集必要的，人民法院不予准许。

② 2015 年《民诉法解释》第 101 条规定，当事人逾期提供证据的，人民法院应当责令其说明理由，必要时可以要求其提供相应的证据。当事人因客观原因逾期提供证据，或者对方当事人对逾期提供证据未提出异议的，视为未逾期。第 102 条规定，当事人因故意或者重大过失逾期提供的证据，人民法院不予采纳。但该证据与案件基本事实有关的，人民法院应当采纳，并依照民事诉讼法第六十五条、第一百一十五条第一款的规定予以训诫、罚款。当事人非因故意或者重大过失逾期提供的证据，人民法院应当采纳，并对当事人予以训诫。当事人一方要求另一方赔偿因逾期提供证据致使其增加的交通、住宿、就餐、误工、证人出庭作证等必要费用的，人民法院可予支持。

诉法解释》第225条的规定，庭前会议的内容为明确原告的诉讼请求和被告的答辩意见、组织证据交换、归纳争议焦点以及进行调解。对于当事人在审前准备阶段认可的证据，经审判人员在庭审中说明后，视为质证过的证据；在庭审阶段，2015年《民诉法解释》第228条对传统的庭审方式进行了改革，规定法庭审理应当围绕当事人争议的事实、证据和法律适用等焦点问题进行。为克服庭审形式化的倾向，规定可以将法庭调查和法庭辩论合并进行。此外，2015年《民诉法解释》还对法官组织质证、进行认证加强了指导和规范，增加了关于法官审查判断证据原则的规定，要求法官公开对证据审查判断的理由和结果。

为推进以审判为中心的诉讼制度改革、全面贯彻证据裁判规则，2019年最高人民法院修改《关于民事诉讼证据的若干规定》（以下简称《民事证据规定》），主要修改内容包括：完善“书证提出命令”制度，扩展当事人收集证据的途径；修改、完善当事人自认规则，更好平衡当事人处分权行使和人民法院发现真实的需要；完善当事人、证人具结和鉴定人承诺制度以及当事人、证人虚假陈述和鉴定人虚假鉴定的制裁措施，推动民事诉讼诚信原则的落实；补充、完善电子数据范围的规定，明确电子数据的审查判断规则。需要注意的是，我们要准确把握人民法院依职权调查证据与尊重当事人处分权行使、落实当事人举证责任的关系。我国民事诉讼程序和民事审判方式改革，从20世纪80年代至今，始终以强化当事人主体地位为主线。但强化当事人的主体地位，并不等于人民法院在证据问题上毫无作为。对于可能损害国家利益、社会公共利益的事实，有关身份关系的事实以及当事人恶意串通损害他人合法权益的事实，即使当事人对事实无争议，人民法院也不能受当事人自认的限制，而应当充分发挥依职权调查收集证据的功能与作用。同时，在诉讼过程中，人民法院要加强释明权的行使，加强对当事人举证的指导，促使当事人能够积极、全面、正确、诚实地行使举证的权利。

（二）制度改革的核心内容

通过对我国民事司法将近30年的改革历程进行回顾、分析，我们发现，20世纪90年代末的审判方式改革与当前以审判为中心的诉讼制度改革大同小异，都是围绕以庭审为中心的民事诉讼制度改革进行的。不同的是，当前的诉讼制度改革是在全面推进依法治国的大背景下实施的，而且有法院管理体制改革、法官管理体制改革等重大改革措施同步推进，相信制约民事审判方式改革发展的体制性问题将通过新一轮司法体制改革予以解决。

因此，作为对诉讼制度的一种理论阐述，在民事诉讼中，“庭审中心主义”是指民事案件的审理与裁判以庭审为中心，须全面落实直接言辞原则、严格执行非法证据排除等制度，即实现事实主张在法庭、证据调查在法庭、反驳辩论在法庭、裁判结果形成于法庭。应然状态下，实现民事庭审中心主义应具备七个要件[①]：一是充分的准备。法官和当事人都应按照法律规定充分准备，使案件事实在基本清楚的前提下进入开庭状态。二是准确的争点。这是庭前准备的重中之重，庭审乃至裁判始终应围绕争点展开。三是聚焦的调查。律师和法官的调查都应当紧紧围绕请求权基础的构成要件和争议焦点细致进行，不应盲目随意。四是集中的审理。案件应在一次开庭中连续不间断审理，不应反复多次开庭。五是成功的辩论。这在庭审中扮演最重要角色，也是贯彻辩论原则的最直接体现。通过当事人双方针锋相对的辩论，达到去伪存真、争议事实答案浮出水面的目的。六是即时的裁判。庭审结束后法官心证自然形成，应最快时间内即时作出裁判，不应间隔多日或数月。七是缜密的思维。诉讼全过程包括证据调查、归纳争点、言词辩论、裁判说理都应有一套严谨的思路方法，紧紧围绕请求权及其为基础的要件分析和相关事实进行。

---

① 郝廷婷：《民事诉讼庭前准备程序的归位与完善——以民事庭审中心主义的实现为目标》，载《法律适用》2016年第6期。

第六章　民事审判权程序保障机制

——繁简分流改革

深化司法体制综合配套改革，全面落实司法责任制，努力让人民群众在每一个司法案件中感受到公平正义，是党的十九大报告提出深化依法治国实践的重要内容。2015 年，立案登记制改革实施以来，法院受理的民商事和行政案件数量明显增长。[①] 同时，启动于 2014 年的法官员额制改革也从局部试点逐渐过渡到在全国推行，能够独立行使审判权限的法官人数相应减少。在这种“一增一减”的整体态势下，如何破解原本就十分棘手的“案多人少”难题，成为诸多法院特别是基层法院不得不直面的严峻挑战，当然，这在一定程度上也成为

---

① 根据周强院长于 2018 年 3 月 9 日在十三届全国人大一次会议上作的《最高人民法院工作报告》，2013 年至 2017 年，最高人民法院受理案件 82383 件，审结 79692 件，分别比前五年上升 60. 6% 和 58. 8%；地方各级人民法院受理案件 8896. 7 万件，审结、执结 8598. 4 万件，结案标的额 20. 2 万亿元，同比分别上升 58. 6% 、55. 6% 和 144. 6% 。

制约司法改革目标实现的重要因素。2016 年 3 月，中央政法工作会议提出，要坚持依法处理和多元化解相结合，强化诉前调解、诉调对接，推进繁简分流，构建普通程序、简易程序、速裁程序等相配套的多层次诉讼制度体系，努力以较小的司法成本取得较好的法律效果，有效化解“案多人少”矛盾。2016 年 9 月 12 日，最高人民法院颁布实施《关于进一步推进案件繁简分流优化司法资源配置的若干意见》。应当说，着眼激活和优化诉讼程序，进一步推进繁简分流改革，既是优化人民法院执法办案工作的一项关键举措，也是深化司法改革的重要内容之一。

一、繁简分流的制度原理

（一）繁简分流的内涵和目的

繁简分流是指根据案件难易程度实行程序相称和集约化分类管理，将简单案件和复杂案件分别归属于不同的审判团队，适用不同的审判程序或审理要求，实现审判团队、审理程序等审判资源与特定案件相匹配。

繁简分流的主要目的是通过优化司法资源配置，“又好又快”地审理案件。这类似于医院“小病门诊、大病住院”的道理，通过繁简分流机制，使得 80% 左右的简案通过“门诊”速裁、20% 左右的难案通过“住院”精判，以提升审判工作质效，更好地满足人民群众的多元司法需求。

当然，简易案件简化处理，也是世界各国的通行做法。在刑事诉讼中，英美法系国家的相当一部分刑事案件并未以实质化的庭审展开，如美国，大部分刑事案件以辩诉交易的形式进行，甚至根本就不存在庭审这一阶段，“在 20 世纪的最后 10 年中，联邦刑事审判率从审结案件的 10% 下降到仅仅 6%，下降的比例超过了 3/4”①；大陆法系国家也存在诸如处罚

① ［美］乔治·费希尔：《辩诉交易的胜利——美国辩诉交易史》，郭志媛译，中国政法大学出版社 2012 年版，第 225 页。

令程序、简易程序等快速案件处理机制，如在德国刑事处罚令程序中，法官在检察官提出处罚令申请后，如果能够通过审查案卷排除合理怀疑，确信被告人有罪，即可签发刑事处罚令，而不需要开庭审理并以判决书的形式充分说理。①

（二）繁简分流中权利保障与诉讼效率的动态平衡关系

深入推进繁简分流改革，应始终妥善处理好当事人权利保障与诉讼效率的动态平衡关系，强化以下三个方面的意识和观念②：

1. 繁简分流应以当事人权利保障为原则。充分保障当事人权益是设计和安排民事诉讼程序和审理机制的出发点、落脚点。同时，权利保障与诉讼效率也并非绝然对立的价值取向，尤其随着“案多人少”矛盾的日益尖锐，当事人对效率性权益的诉求明显上升，当前，越来越多的当事人要求法院适用简案程序审理案件，争取快审快结。值得注意的是，尽管繁简分流的直接目的在于缓解司法资源与司法需求的剧烈冲突，但其绝不仅仅只是为了缩短审限或提高结案率，而是为了追求更有效率的公正。换言之，繁简分流不能一味求简，要避免过分求快求简的倾向，不能为了完成办案任务，片面追求司法效率而让司法公正大打折扣。因此，繁简分流要恪守程序正当原则，做到“简程序不减权利”，充分考虑当事人的诉讼需求，尊重当事人的程序选择权，由双方当事人约定适用民事简易程序，以及约定对标的额超过规定标准的简单民事案件适用小额诉讼程序。适用简易程序审理的民事案件采用远程视频方式开庭的，或者民事案件当庭即时履行

---

① 参见［德］托马斯·魏根特：《德国刑事诉讼程序》，岳礼玲、温小洁译，中国政法大学出版社2004年版，第148页、第210页、第211页。

② 参见江苏省宿迁市中级人民法院课题组：《权利保障抑或效率优先：民事案件繁简分流中的简案识别机制研究》，载贺荣主编：《深化司法改革与行政审判实践研究（上）——全国法院第28届学术讨论会获奖论文集》，人民法院出版社2017年版，第530－538页；徐良峰、罗灿：《全面落实司法责任制需将繁简分流改革进行到底》，载《人民法治》2018年第2期；傅郁林：《繁简分流与程序保障》，载《法学研究》2003年第1期。

不再出具裁判文书的，必须经当事人同意。

2. 繁简案件的识别应以程序相称、提升效率为目标。繁简分流的逻辑前提是甄别判断哪些案件属于简案、哪些案件属于繁案。对于简单案件与复杂案件的区分标准，2017 年《民事诉讼法》第 157 条（2023 年《民事诉讼法》第 160 条）规定，简单民事案件的特征包括事实清楚、权利义务关系明确、争议不大。但是，上述规定比较抽象，实践中的理解和把握不尽统一。遗憾的是，2016 年《最高人民法院关于进一步推进案件繁简分流优化司法资源配置的若干意见》也没有对案件的繁简标准和类型作出统一细致的规定，而是授权地方各级人民法院依照法律规定并结合实际情况制定各类案件繁简分流的标准。应当说，复杂案件的认定不仅是当代法哲学的一个核心理论问题，也是世界各国司法所普遍遭遇的实践难题之一。例如，德沃金就曾认为，疑难案件是不被“规则”涵盖到，但必被某些“法律原则”所涵盖到的案件。目前，在我国司法实践中，判断案件繁简的相关因素包括但不限于以下因素：案件事实清楚与否、权利义务关系明确与否、争议大小、诉讼标的额大小、法律规则有无、案件指导意义大小、社会关注度高低、是否涉诉信访等。不言而喻，深入推进繁简分流改革，必须将案件繁简分流的法律标准进一步类型化、细致化、客观化，即确保简案识别标准的相对准确性，让简单案件归简案团队处理、复杂案件归繁案团队审判，既达到程序相称、提高审判质效的目的，又防止因识别错误而导致司法资源的二次浪费。我们认为，判断案件繁简应采取主客观相结合标准，立法既要明确简案与繁案的主要类型，实践中也需依靠法官司法经验的动态调整，因而可以采取“列举式 + 兜底式”的方式进行类型化归纳，以审判管理系统智能分流为主、人工分流为辅，先通过大数据分析区分出简案与繁案的主要类型，再根据法官司法经验对繁简进行动态调整，科学高效甄别分流案件。此外，案件的繁、简也不是决然对立的，繁中有简、简中有繁的案件比比皆是，法院应围绕诉讼各方争议焦点，并结合当地实际以及法官配置等情况科学分配审判资源。根据审判工作经验，在法官与案件的配置上，总体应配置50%的法官负责办理70%的简单案件，另50%的法官负责办理30%的复杂案件为宜。

3. 繁简分流应构建权利保障与诉讼效率的动态平衡机制。权利保障与诉讼效率是司法价值取向的两个方面，在案件的繁简识别与程序选择上，除了法院依法行使判断权外，更应尊重当事人对纠纷解决机制和程序的知情权、选择权、异议权。在案件繁简程序的适用上，尤其是适用简化的审理程序，应当征询当事人同意，由当事人自己在诉讼权利的充分行使与实现诉讼高效之间权衡选择，实现当事人权利保护的动态平衡。此外，简案识别也是一个经验性的过程，难免出现少量的判断不当或错误。当经过审理后，因判断错误而不当适用繁/简审理程序的，要么在权利保障、要么在诉讼效率上不能实现最优，则必须根据案件实际情况，权衡决定程序的取舍。当二者出现根本冲突时，取公正而舍效率是当然的选择。因此，建立符合司法价值取向的识别错误的救济机制，是不可或缺的重要内容之一。

二、我国三大诉讼法繁简分流改革举措和实践

（一）刑事诉讼繁简分流改革举措

在刑事诉讼方面，2012 年新修订的《刑事诉讼法》将简易程序的适用范围扩展到基层法院所有的刑事案件，突破了原先仅适用于可能判处三年以下有期徒刑案件的限制。2014 年 6 月，刑事案件速裁程序试点开始，适用范围是可能判处一年有期徒刑以下刑罚的案件。2016 年 7 月，中央全面深化改革领导小组审议通过了《关于认罪认罚从宽制度改革试点方案》，9 月 3 日十二届全国人大常委会第二十二次会议审议通过《关于授权最高人民法院、最高人民检察院在部分地区开展刑事案件认罪认罚从宽制度试点工作的决定》，选择在 18 个城市依法有序稳步推进试点工作。2018 年 10 月 26 日《刑事诉讼法》作出修改，认罪认罚从宽制度在国家立法上被正

式确立。

（二）行政诉讼繁简分流改革举措

在行政诉讼方面，2009 年 3 月 17 日，最高人民法院印发《人民法院第三个五年改革纲要（2009—2013）》，首次提出“完善行政诉讼简易程序，明确适用简易程序的案件范围，制定简易程序审理规则”的改革任务。2010 年 11 月 17 日，最高人民法院印发《关于开展行政诉讼简易程序试点工作的通知》，在部分基层人民法院正式开展行政诉讼简易程序试点工作。2014 年修订的《行政诉讼法》以专节形式单独设立简易程序，实现了简易程序的“入法”，同时也开启了行政诉讼繁简分流的征程。2015 年 4 月，最高人民法院发布《关于适用〈中华人民共和国行政诉讼法〉若干问题的解释》，对裁定驳回起诉类案件审理程序作出了进一步规范。2021 年 5 月 28 日，最高人民法院印发《关于推进行政诉讼程序繁简分流改革的意见》，正式部署开展行政诉讼繁简分流改革。

（三）2019 年民事诉讼程序繁简分流改革前的举措和实践

在民事诉讼方面，2012 年修订的《民事诉讼法》新增小额诉讼程序、确认调解协议案件、实现担保物权案件特别程序。2017 年 5 月 8 日，最高人民法院发布《关于民商事案件繁简分流和调解速裁操作规程（试行）》（以下简称《繁简分流调解速裁规程》）。《繁简分流调解速裁规程》中以下内容值得关注：一是明确民商事简易纠纷的解决方式包括先行调解、和解、速裁、简易程序、简易程序中的小额诉讼、督促程序等。二是人民法院设置专职或兼职程序分流员负责根据案件事实、法律适用、社会影响等因素，确定案件应当适用的程序。三是进一步明确委托调解的操作规则。先行调解包括委托调解和人民法院调解。家事纠纷、相邻关系纠纷、劳动争议纠纷、交通事故赔偿纠纷、医疗纠纷、物业纠纷、消费者权益纠纷、小额债务纠纷、申请撤销劳动争议仲裁裁决纠纷，在征求当事人同意后，引导当事人委托调解。委托调解达成协议的，调解人员应当将调解协议提交人民法院，由法官审查后制作调解书或者准许撤诉裁定书。经委托调解达成协议后撤诉，当事人就调解协议的内容或者履行发生争议的，可以提起诉讼。人民法院应当就当事人的诉讼请求进行审理，当事人的权利义务不受原调解协议的约束。四是设置速裁程序，实现简案快审，切实减轻当事人诉累。基层人民法院可以设立专门速裁组织，对于离婚后财产纠纷、买卖合同纠纷、商品房预售合同纠纷、金融借款合同纠纷、民间借贷纠纷、银行卡纠纷、租赁合同纠纷等事实清楚、权利义务关系明确、争议不大的金钱给付纠纷等适宜速裁的民商事案件采用速裁方式审理。采用速裁方式审理民商事案件，一般只开庭一次，庭审直接围绕诉讼请求进行，不受法庭调查、法庭辩论等庭审程序限制，但应当告知当事人回避、上诉等基本诉讼权利，并听取当事人对案件事实的陈述意见。采用速裁方式，可以使用令状式、要素式、表格式等简式裁判文书，应当当庭宣判并送达。当庭即时履行的，经征得各方当事人同意，可以在法庭笔录中记录后不再出具裁判文书。

2019年民事诉讼程序繁简分流改革试点前，就全国法院的实践观察，推进案件繁简分流已构建起一个立体、动态、分层的分流“漏斗”，按照纠纷发生与案件审理的流程进行多层次分流①：一是当事人没有争议，符合督促程序规定条件的，可以转入督促程序；二是开庭前可以调解的，采取调解方式及时解决纠纷；三是根据案件情况，确定适用速裁程序、简易程序或者普通程序；四是需要开庭审理的，通过要求当事人交换证据等方式，明确争议焦点。

---

① 参见徐良峰、罗灿：《全面落实司法责任制需将繁简分流改革进行到底》，载《人民法治》2018年第2期；胡仕浩、刘树德、罗灿：《〈关于进一步推进案件繁简分流优化司法资源配置的若干意见〉的理解与适用》，载《人民司法（应用）》2016年第28期。

1. 在立案环节促进纠纷诉前分流。特别是对当事人同意诉前调解的，引导当事人先行调解，可以使大量矛盾纠纷在进入立案登记前就得到有效化解。以珠三角地区某基层法院为例①，该法院设有诉讼服务中心，专门负责案件的繁简分流工作。具体而言，该诉讼服务中心由1个调解速裁中心和1个立案庭组成。调解速裁中心有35名工作人员，包括1名主任、2名速裁法官、5名专职调解员（多数兼任人民陪审员）和27名审判辅助人员。调解速裁中心负责诉前和立案阶段的调解、小额诉讼和其他简单案件的速裁、督促程序及公示催告程序的处理等事务，每年可处理消化数千件案件。立案庭由1个立案窗口、3个送达小组和1个保全小组构成，共有64名工作人员。案件受理后，立案庭工作人员先以打电话通知原被告领取诉讼资料的方式尝试直接送达，不能奏效时再视具体情况分别采取上门送达、邮寄送达和委托送达，直到最后的公告送达，一般在送达完成后才将案件移交审判庭处理。保全组负责处理有关诉前和与起诉同时提出申请的保全，包括作出有关保全的裁定和实施保全裁定。如果当事人在案件移交给审判庭之后方提出保全申请，此时的保全应由承办法官或承办法官交代法官助理及书记员办理。此外，若被告接受送达后很快提出管辖权异议，此时亦由立案庭派员处理。上述将不同的程序事项分段或按性质分别实施集中快捷的处理，便于将相当数量的案件早期分流，在诉讼效率的提高或处理大量案件的诉讼经济方面存在明显优势。值得一提的是，由于速裁、对保全申请进行审查并作出裁定、处理管辖权异议等程序环节一般被理解为具有司法性质或者属于审判事项，即使由立案庭或诉讼服务中心等机构负责，往往也需要配备员额法官加以处理。

2. 在庭前环节利用审前程序分流。在登记立案后，通过庭前会议固定无争议事实和证据，归纳整理有争议的事实和证据，对于适宜调解的案

---

① 参见王亚新：《“人案比”二元模型与民事审前程序的优化——基于对广东省九个基层法院的调研》，载《当代法学》2017年第3期。

件，应当通过庭前会议等解决，减少需要开庭的案件数量。庭前会议一般在繁案中适用较多，辽宁沈阳中院针对建筑工程案件证据较多、争议较大、在审限内不易及时审结的问题，在一审建筑工程案件中试行庭前会议，明确审理范围，整理法律争点、事实争点、证据争点。湖南长沙县法院在所有民事案件中广泛适用庭前会议制度，庭前会议由法官助理主持，在举证期间届满后开庭前一个到两个小时之间召开，法官再根据庭前会议成果对案件作出相应处理，庭审时间较以往缩短了近2/3，当庭宣判比率达到62.75%，当庭宣判案件的上诉比率仅为4.8%。

3. 在登记立案后，对于不适宜调解而进入诉讼程序的案件，应当通过简易程序、督促程序、实现担保物权案件特别程序等快速审理。最高人民法院《关于进一步推进案件繁简分流优化司法资源配置的若干意见》第4条规定："发挥民事案件快速审判程序的优势。根据《民事诉讼法》及其司法解释规定，积极引导当事人双方约定适用简易程序审理民事案件。对于标的额超过规定标准的简单民事案件，或者不属于《民事诉讼法》第一百五十七条第一款（2023年《民事诉讼法》第一百六十条第一款）规定情形但标的额在规定标准以下的民事案件，当事人双方约定适用小额诉讼程序的，可以适用小额诉讼程序审理。依法适用实现担保物权案件特别程序。积极引导当事人将债权人请求债务人给付金钱、有价证券的案件转入督促程序，推广使用电子支付令。"值得关注的是，上述规定提高了适用小额诉讼程序的标的额。当时司法实践适用小额诉讼程序的比率并不高，一个很重要的原因就是标的限额太低。针对这一情况，在充分保障当事人选择权的前提下，浙江、上海等地提高了小额诉讼程序标的限额。例如，2013年浙江省高级人民法院《关于适用小额诉讼程序审理民事案件相关问题的意见》规定，符合适用小额诉讼程序其他条件，但案件标的额在规定标准以上、10万元以下的案件，当事人可以选择适用小额诉讼程序。2015年上海市高级人民法院《关于规范小额诉讼审判工作的实施细则》规定，对于符合本细则其他条件，仅是诉讼标的额超过当年度小额诉讼金额标准的案件，当事人双方协商一致要求适用小额诉讼的，如诉讼标的额低于当年小额诉讼金额标准两倍的（含两倍），人民法院可予准许，并制作笔录备案。

4. 经过上述三个层次仍未解决的纠纷，应适用普通程序处理。特别是在庭审环节，应围绕争议焦点开庭。例如，深圳市中级人民法院采用“门诊式庭审”① “要素式庭审”②，围绕有争议的要素同步进行法庭调查和法庭辩论。浙江省杭州市萧山区人民法院还实行多案连审、多案同审，对于类型化案件一般进行合并审理，一次性解决告知法庭纪律、核对当事人身份信息、询问是否申请回避等程序性事项；然后逐案展开法庭调查，主要围绕双方争议焦点进行询问；在事实固定的基础上，由当事人依次就个案进行法庭辩论和最后陈述；最后，法官助理对于仍有调解意愿的当事人在休庭期间进行调解，书记员对所有案件笔录逐一校对，法官再综合考虑法庭调查、证据认证等情况进行当庭宣判。

此外，裁判文书制作和说理的繁简分流是所有审判程序繁简分流的最终体现。最高人民法院《关于进一步推进案件繁简分流优化司法资源配置的若干意见》第15条规定：“根据法院审级、案件类型、庭审情况等对裁

① “门诊式庭审”是指庭前由法官助理集中对一定数量当事人宣布法庭纪律、核对当事人、告知诉讼权利义务、征求回避意见等程序性工作，法官则围绕诉讼请求直接进行实质性庭审，不拘泥于法庭调查和法庭辩论的顺序，庭审结束后原则上当庭宣判、当庭制作令状式判决，当庭送达判决书。法官能够像医生门诊看病一样集中时间对批量的简易案件快速审理。为提高当庭宣判的效率和质量，统一设计常见案件规范化当庭宣判模板，法官只需针对个案对模板略作修改，便可当庭认定事实，快速高质出具裁判文书。

② “要素式庭审”是指根据案件相关要素并结合诉讼请求确定庭审顺序，围绕争议要素同步进行调查和辩论的庭审模式。根据类型化案件的特点，设计要素表，要求当事人庭前填写，庭审时法官则按照要素表的争议要素依次组织举证、质证和认证。当事人已于开庭审理前填写要素表的，法院在开庭审理时对双方无争议的要素予以确认并记入庭审笔录；对于双方有争议的要素应当重点审查，引导当事人举证和质证。当事人未在开庭审理前填写要素表的，法院开庭审理时可以要素表的基本要素为线索，逐项当庭征询各方当事人的意见，对双方无争议的要素予以确认并记入笔录，并引导当事人围绕争议要素进行举证和质证。

判文书的体例结构及说理进行繁简分流。”如深圳市中级人民法院推行“令状式”“要素式”“表格式”裁判文书，以原告的诉讼请求为基础，省略其他部分。湖南省长沙县人民法院探索“分论式”裁判文书，紧扣事实认定和法律适用有无争议，对无争议部分简写，有争议部分详写，提高文书制作效率。浙江省杭州市人民法院实行“庭审记录改革＋简式裁判文书”分流机制，注重做好庭审录音录像记录和裁判文书制作的衔接，简易案件以录音录像替代人工笔录，推行令状式、要素式的简式裁判文书，大大加快了审理速度。在此基础上，最高人民法院《关于进一步推进案件繁简分流优化司法资源配置的若干意见》第15条还规定：“当庭即时履行的民事案件，经征得各方当事人同意，可以在法庭笔录中记录相关情况后不再出具裁判文书。”这实际上是鼓励各级人民法院进一步发挥庭审的中心作用，对庭审已经解决争议并实际履行的民事案件，实行口头裁判。

三、2019年民事诉讼程序繁简分流改革试点主要举措和成效

2019年12月28日，十三届全国人大常委会第十五次会议通过《全国人民代表大会常务委员会关于授权最高人民法院在部分地区开展民事诉讼程序繁简分流改革试点工作的决定》，授权在15个省（区、市）20个城市的305家法院开展为期两年的民事诉讼程序繁简分流改革试点工作。最高人民法院在2020年年初印发《民事诉讼程序繁简分流改革试点方案》，并据此制定《民事诉讼程序繁简分流改革试点实施办法》（以下简称《实施办法》）。之后，为妥善解决试点工作阶段出现的共性问题，最高人民法院先后于2020年4月、10月研究编写《民事诉讼程序繁简分流改革试点问答口径（一）》[以下简称《问答口径（一）》]、《民事诉讼程序繁简分流改革试点问答口径（二）》[以下简称《问答口径（二）》]，供各试点法院参照执行。

（一）试点主要举措和实践

从民事审判权优化配置角度观察，在民事诉讼程序保障层面，改革试点内容集中在以下四个方面：

1. 完善“调裁分流”机制

人民法院建立特邀调解机制（《实施办法》第2条）。对起诉到人民法院的民事纠纷，除根据案件性质不适宜调解，或者已经调解但无法达成调解协议的情形外，先行在诉讼服务中心进行“调裁分流”。在征得当事人同意后，可以在诉前开展委派调解。达成调解协议的，鼓励引导当事人自动履行。当事人不同意诉前调解的，依法登记立案。委派调解不成登记立案的，调解材料经充分告知、当事人同意及法院审查合法后，可以作为诉讼材料继续使用［《问答口径（一）》第三问］。经人民调解、特邀调解达成的民事调解协议，双方当事人可以共同向人民法院申请司法确认（《实施办法》第3条）。需要特别注意的是，人民法院委派调解的对象，除人民调解组织外，应当是特邀调解名册之内的调解组织和调解员。实践中，当事人可以基于自愿，自主选择由名册之外的调解组织、调解员调解解决纠纷，达成调解协议后应当自动履行，这类情况申请司法确认的，人民法院不予受理［《问答口径（一）》第四问］。

2. 完善小额诉讼程序

具体为：第一，扩大小额诉讼适用范围。基层人民法院审理的事实清楚、权利义务关系明确、争议不大的简单金钱给付类案件，标的额为人民币五万元以下的，适用小额诉讼程序，实行一审终审。标的额在人民币五万元以上、十万元以下的简单金钱给付类案件，当事人双方约定适用小额诉讼程序的，可以适用小额诉讼程序审理（《实施办法》第5条）。这里“当事人双方约定适用小额诉讼程序的”，可以是原被告诉前约定适用，也可以是立案后原被告达成一致意见适用。案件开庭审理前，经充分告知原被告小额诉讼程序一审终审等相关事项，可以征询当事人双方意见，一致同意适用小额诉讼程序的，可以按小额诉讼程序审理，并将有关情况记录在案。当事人双方一经约定适用小额诉讼程序，原则上不得反悔。对适用小额诉讼程序提出异议的，应当说明正当理由并提供相应证据，经审查案件符合《实施办法》有关程序转换情形的，应当准许转换程序；不符合的，应当予以驳回［《问答口径（一）》第十问］。人身关系、财产确权纠纷，涉外民事纠纷，需要评估、鉴定或者对诉前评估、鉴定结果有异议的纠纷，一方当事人下落不明的纠纷以及其他不宜适用小额诉讼程序审理的纠纷，不适用小额诉讼程序审理（《实施办法》第6条）。

第二，完善小额诉讼程序规则。适用小额诉讼程序审理的案件，可以比照简易程序进一步简化传唤、送达、证据交换的方式；庭审可以不受法庭调查、法庭辩论等庭审程序限制，直接围绕诉讼请求或者案件要素进行；进一步简化裁判文书，主要记载当事人基本信息、诉讼请求、答辩意见、主要事实、简要裁判理由、裁判依据、裁判主文和一审终审的告知等内容，对于案情简单、法律适用明确的案件，法官可以当庭作出裁判并说明裁判理由。对于当庭裁判的案件，裁判过程经庭审录音录像或者庭审笔录完整记录的，人民法院在制作裁判文书时可以不再载明裁判理由。但是，适用小额诉讼程序审理案件，不得减损当事人答辩、举证、质证、陈述、辩论等诉讼权利（《实施办法》第8条、第9条）。

适用小额诉讼程序的案件，原则上可以缺席审理和判决。但需要注意：一是案件因当事人下落不明，需要公告送达的；或者因无法获取对方当事人意见，难以判断案件是否事实清楚、权利义务关系是否明确、争议是否不大的，不得适用小额诉讼程序。二是小额诉讼案件缺席审理和判决应当以依法完成送达为前提［《问答口径（二）》第十三问］。

3. 完善简易程序规则

具体为：第一，扩大简易程序适用范围。事实清楚、权利义务关系明确的简单案件，需要公告送达的，可以适用简易程序审理（《实施办法》第12条）。

第二，完善简易程序规则。适用简易程序审理的案件，人民法院可以根据案件情况，采取下列方式简化庭审程序，但应当保障当事人答辩、举证、质证、陈述、辩论等诉讼权利：（1）开庭前已经通过庭前会议或者其他方式完成当事人身份核实、权利义务告知、庭审纪律宣示的，开庭时可以不再重复；（2）经庭前会议笔录记载的无争议事实和证据，可以不再举证、质证；（3）庭审可以直接围绕诉讼请求或者案件要素进行（《实施办法》第13条）。上述“庭审可以直接围绕诉讼请求或者案件要素进行”，实践中应当如何操作？试点法院可以根据案件的固定要素，围绕主要争点展开庭审。开展“要素式庭审”一般应当完成以下三个步骤：（1）概括案件要素。应当针对买卖合同、民间借贷、金融借款、物业服务、机动车交通事故责任等类型化纠纷，概括提炼案件事实要素，确定案件审理要点，制作“案件要素表”。（2）确定案件争点。应当在庭审前指导各方当事人填写“案件要素表”，充分履行释明告知义务，引导当事人确认本案的核心要素事实和主要争点。（3）开展要素式审理。开庭时，应当再次归纳和确认本案审理的要素事实和争议焦点，对各方无争议的事实结合相关证据直接确认，对有争议的要素事实逐一进行陈述辩论、举证质证、调查询问，不受法庭调查、法庭辩论等程序限制［《问答口径（一）》第十八问］。

适用简易程序审理的案件，人民法院可以采取下列方式简化裁判文书：（1）对于能够概括出案件固定要素的，可以根据案件要素载明原告、被告意见、证据和法院认定理由、依据及裁判结果；（2）对于一方当事人明确表示承认对方全部或者主要诉讼请求的、当事人对案件事实没有争议或者争议不大的，裁判文书可以只包含当事人基本信息、诉讼请求、答辩意见、主要事实、简要裁判理由、裁判依据和裁判主文。简化后的裁判文书应当包含诉讼费用负担、告知当事人上诉权利等必要内容（《实施办法》第 14 条）。

4. 扩大独任制适用范围

具体为：第一，独任制适用小额诉讼程序、简易程序、普通程序、第二审程序审理的案件；独任制也适用于诉前保全、执前保全、仲裁协助保全等保全案件，但如果存在案件重大、疑难、复杂、标的额巨大等情形的，可以组成合议庭审查保全申请［《问答口径（二）》第十八问］。

第二，第一审普通程序独任制适用。基层人民法院审理的事实不易查明，但法律适用明确的案件，可以由法官一人适用普通程序独任审理（《实施办法》第 16 条）。前述“事实不易查明，但法律适用明确”的适用标准，应当如何理解？应整体考虑，不宜孤立理解。所谓“法律适用明确”，是指事实查明之后，无论结果是正或反，都能形成清晰、明了的法律关系，有明确的法律规范与之对应，在解释和适用上基本不存在空白与争议。所谓“事实不易查明”，主要是指查明事实需要经过评估、鉴定、审计、调查取证等耗时较长的程序，但一旦查明，法官一人即可认定事实与法律关系，并作出裁判［《问答口径（一）》第二十二问］。

当事人具有对一审普通程序适用独任制的异议权。独任制普通程序案件有确定的适用范围和条件，实践中是否依法合理适用，涉及当事人的重大程序利益，应当允许当事人提出异议。当事人的异议请求，仅限于案件是否应当适用独任制审理，而不包括是否应当适用普通程序。根据《民事诉讼法》及其司法解释的规定，对人民法院已经确定适用普通程序审理的案件，当事人不得就审理程序再提出异议。当事人提出异议的事由包括以下两个方面：一是案件符合《实施办法》第 17 条规定的应当适用合议制的情形[①]；二是案件不符合独任制普通程序案件“事实不易查明，但法律适用明确”的适用条件。有关异议的程序，人民法院应当在《一审普通程序独任审理通知书》中，或者在作出转为独任制普通程序审理的裁定时，告知当事人提出异议的权利。当事人应当在独任法官适用普通程序开庭审理前提出异议。异议由独任法官负责审查。经审查，异议成立的，由合议庭作出组成合议庭审理的裁定；异议不成立的，口头告知当事人，并记入笔录［《问答口径（二）》第十九问］。

第三，第二审独任制适用。第二审人民法院审理第一审适用简易程序审理结案或者不服民事裁定的上诉案件，事实清楚、法律适用明确的，可以由法官一人独任审理（《实施办法》第18条）。如何把握第二审案件适用独任制的条件？应当从以下两个方面把握：一是关于适用案件范围。适用独任制审理的第二审案件仅限于“第一审适用简易程序审理结案的上诉案件”和“民事裁定类上诉案件”，实践中不得扩大。对一审独任法官适用普通程序审结的上诉案件、采取合议制审结的上诉案件、报请解决管辖权争议的案件等，均不得适用独任制。二是关于适用标准。对于上述两类案件，并非一律适用独任制，还应当满足“事实清楚、法律适用明确”的标准，对事实待查明、法律适用难度大的案件不宜适用独任制。在独任审理过程中发现上述情形的，一般应当转换为合议制审理。独任法官认为原判事实错误或法律适用错误拟作出改判，以及因认定基本事实不清拟发回重审的，一般应当提交专业法官会议讨论［《问答口径（一）》第二十七问］。

---

① 《实施办法》第17条规定，基层人民法院审理的案件，具备下列情形之一的，应当依法组成合议庭，适用普通程序审理：（1）涉及国家利益、公共利益的；（2）涉及群体性纠纷，可能影响社会稳定的；（3）产生较大社会影响，人民群众广泛关注的；（4）新类型或者疑难复杂的；（5）与本院或者上级人民法院已经生效的类案判决可能发生冲突的；（6）发回重审的；（7）适用审判监督程序的；（8）第三人起诉请求改变或者撤销生效判决、裁定、调解书的；（9）其他不宜采用独任制的案件。

当事人是否可以对二审独任制适用提出异议？当事人可以提出异议。当事人提出异议的事由主要包括以下三个方面：一是案件符合《实施办法》第19条的规定[①]，应当适用合议制审理；二是案件不符合二审独任制"事实清楚、法律适用明确"的适用条件；三是案件不符合二审独任制适用范围，不属于"第一审适用简易程序审理结案"和"不服民事裁定"案件。有关异议的程序，人民法院应当在《二审案件独任审理通知书》中，告知当事人提出异议的权利。当事人应当在开庭审理前提出异议。异议由独任法官负责审查。经审查，异议成立的，由合议庭作出组成合议庭审理的裁定；异议不成立的，口头告知当事人，并记入笔录［《问答口径(二)》第二十问］。

从试点情况看[②]，2020年1月到2021年9月，试点法院诉前委派调解纠纷325.05万件，成功化解113.97万件，其中，申请司法确认24.84万件，占全部诉前委派调解纠纷数的7.6%，近80%的调解协议由当事人自动履行，并未出现司法确认数量激增情况，说明试点举措一定程度上起到了"把非诉讼纠纷解决机制挺在前面"的效果。

2020年1月至2021年9月，试点法院适用小额诉讼程序审结案件121.32万件，占民事一审审结案件数的20.74%，较试点前上升15.04个百分点。当事人合意适用小额诉讼案件数也达到9.80万件。以试点法院北京市朝阳区人民法院为例。2021年1月至10月，该院新收民事案件就已突破9万件，民事法官人均结案524.2件。在这样严峻的办案形势下，小额诉讼程序真正起到提速增效、便民利民的作用。一起74名当事人起诉要

---

① 《实施办法》第19条规定，由法官一人独任审理的第二审案件，审理过程中出现下列情形之一的，人民法院应当裁定组成合议庭审理，并将合议庭组成人员及相关事项书面通知双方当事人：（1）涉及国家利益、公共利益的；（2）涉及群体性纠纷，可能影响社会稳定的；（3）产生较大社会影响，人民群众广泛关注的；（4）新类型或者疑难复杂的；（5）与本院或者上级人民法院已经生效的类案判决可能发生冲突的；（6）其他不宜采用独任制的案件。

② 参见何帆：《2021年修正民事诉讼法评述（附新旧条文对照）》，载微信公众号"法影斑斓"2021年12月24日，https://mp.weixin.qq.com/S/OjykHPMmvSnHYYPQK-QHig。

求某教育咨询公司退还培训费用并支付违约金的案件，从立案到结案仅用了 17 天，当事人低成本、高效率地解决了纠纷。

2020 年 1 月至 2021 年 9 月底，试点法院二审独任制案件占比为 20%左右，审判组织转换率为 5.25%，提起再审率为 1.48%，再审改发率为 0.08%，信访率为 1.16%，较二审合议制案件相应指标数分别降低 1.02、0.26、3.58 个百分点，既未出现滥用现象，案件质量也未下滑。试点地区法官普遍反映，案件适用独任制后，审判责任完全由一人承担，反而倒逼他们审理案件更加审慎严谨，增强了责任意识和廉政风险防范意识。实践中，对于案件二审能否用独任制审理，除法定条件外，法官会用自己的经验判断，并非“能用尽用”。以北京三中院 2020 年度的统计数据为例，上诉案件中，第一审适用简易程序的案件共 8234 件，这些案件原则上可以适用独任制，但第二审以合议庭结案的数量为 4341 件，独任制适用率仅为 47.27%。

（二）试点成效——2021 年《民事诉讼法》修改

2021 年 12 月 24 日，十三届全国人大常委会第三十二次会议作出关于修改《中华人民共和国民事诉讼法》（以下简称 2021 年《民事诉讼法》）的决定，并于 2022 年 1 月 1 日实施。此次修法，新增 7 个条文，修改调整 26 个条文，其中 13 处修改是为与民法典相关规定表述衔接一致，另外 20 处均与民事诉讼程序繁简分流改革试点相关，属于针对试点工作所作的专项修改。值得一提的是，最终纳入修改后法律的成果，既有试点行之有效的好经验，也有试点后优化完善的新考量。详述之：

1. 有关司法确认

《实施办法》将司法确认的主体范围，从“人民调解委员会”扩展至“人民调解委员会、特邀调解组织或者特邀调解员”。但考虑到特邀调解只是人民法院内部机制，再加上实践中绝大部分地区的调解员都加入了特定调解组织，因此，2021 年《民事诉讼法》规定“经依法设立的调解组织”调解达成的调解协议可以申请司法确认。并且，区分“人民法院邀请调解组织开展先行调解”和“调解组织自行开展调解”两种情况，确定了管辖法院。同时，明确中级人民法院（含专门法院）也可以开展司法确认，兼顾了级别管辖、专门管辖等特殊情形的需要。如此，除人民调解委员会外，商事调解、道路交通赔偿调解、医疗纠纷调解和残联、妇联、消协、物协等社会团体的调解在纠纷解决中的功能可以进一步发挥。

2. 有关小额诉讼

为便于试点期间操作，《实施办法》中小额诉讼程序适用标准采用“定额制”，法定适用标准为 5 万元以下，合意适用标准为 5 万至 10 万元。为兼顾全国各地实际情况，2021 年《民事诉讼法》第 165 条将“定额制”恢复为“比例制”，将法定适用标准的上限调整为各省、自治区、直辖市上年度就业人员年平均工资 50% 以下；当事人合意适用标准调整为各省、自治区、直辖市上年度就业人员年平均工资的 50% 以上但在 2 倍以下。此外，为进一步突出小额诉讼快捷高效的程序优势，2021 年《民事诉讼法》第 168 条将小额诉讼审限从 3 个月缩减为 2 个月。

3. 有关独任审理

2021 年《民事诉讼法》第 40 条、第 41 条扩大了独任制的适用范围，明确基层人民法院第一审普通程序、中级人民法院（含专门法院）第二审程序可以适用独任制，目的就是优化配置司法资源，从审判组织安排上确保“简案快审、繁案精审”。

4. 有关当事人程序权利保障

第一，充分尊重当事人的程序选择权。新增和修改的条文中，多个程序事项都以当事人同意为前提。如 2021 年《民事诉讼法》第 41 条第 2 款规定，“经双方当事人同意”，符合条件的第二审案件才可以适用独任制审理。第 90 条规定，“经受送达人同意”，人民法院才可以采用能够确认其收悉的电子方式送达诉讼文书。第 165 条第 2 款规定，“当事人双方也可以约定适用”小额诉讼程序。

第二，充分尊重当事人的程序异议权。2021 年《民事诉讼法》第 42 条规定了不得适用独任制的六种情形以及第 166 条明确了不得适用小额诉讼程序的六种情形。[①] 作为保障条款，2021 年《民事诉讼法》第 43 条第 2 款和第 169 条第 2 款分别规定，当事人认为独任审理或使用小额诉讼程序违反法律规定的，可以向人民法院提出异议。异议成立的，转由合议庭或转为其他程序审理；异议不成立的，裁定驳回。

第三，进一步缩短审理周期。2021 年《民事诉讼法》第 95 条将公告送达时间从 60 天缩短为 30 天，进一步缩短审理周期，满足人民群众及时、高效的解纷需求。

---

① 2021 年《民事诉讼法》第 42 条规定，人民法院审理下列民事案件，不得由审判员一人独任审理：（1）涉及国家利益、社会公共利益的案件；（2）涉及群体性纠纷，可能影响社会稳定的案件；（3）人民群众广泛关注或者其他社会影响较大的案件；（4）属于新类型或者疑难复杂的案件；（5）法律规定应当组成合议庭审理的案件；（6）其他不宜由审判员一人独任审理的案件。第 166 条规定，人民法院审理下列民事案件，不适用小额诉讼的程序：（1）人身关系、财产确权案件；（2）涉外案件；（3）需要评估、鉴定或者对诉前评估、鉴定结果有异议的案件；（4）一方当事人下落不明的案件；（5）当事人提出反诉的案件；（6）其他不宜适用小额诉讼的程序审理的案件。

第七章　民事审判权程序保障机制

——民事庭审实质化

庭审是审判的关键环节、主要方式。“庭审实质化直接相对于庭审虚化与形式化，其要点在于，实质性或决策性的审判活动必须且只能在庭审中展开。它处理庭审与庭外阶段包括庭前与庭后的关系等问题，并不直接涉及审判与非审判阶段的结构性关系问题，或者说，其更多涉及的是微观层面审判机制与技术设置的问题。”①换言之，就庭审实质化改革而言，其主要强调决定诉讼结果的审判决策行为应当放在庭审中进行，解决的是“何时及如何决策”的问题。而以审判为中心的诉讼制度改革旨在解决“由谁决策”的问题，即在诉讼决策或者实体判决的形成过程中法院的地位和职权如何充分体现和实现中心化的问题。

---

① 左卫民：《审判如何成为中心：误区与正道》，载《法学》2016年第6期。

以庭审为中心的本质要求是通过法庭审理发现疑点、厘清事实、查明真相，因此必须力戒形式主义，保证庭审在查明事实、认定证据、保护诉权、公正裁判中发挥决定性作用。进而言之，以审判为中心的主要内涵之一就是在全部审判程序中，以第一审法庭审判为重心。我们知道，一审是距离案件发生空间距离最近、时间距离最短的审判程序，离事实真相最近，查明案件事实的可能性最大。因此，将查明、认定案件事实的责任放在第一审程序，是世界各国的通行做法，符合诉讼的基本规律。实践证明，第一审庭审如果不能实现实质化，程序正义就无从谈起。反之，如能重视发挥庭审的实质作用，真正做到事实主张在法庭、证据调查在法庭、定性归责辩论在法庭、裁判结果形成在法庭，就能够为公正裁判奠定可靠基础。

一、我国民事诉讼程序结构存在的问题

2010 年以来，我国《民事诉讼法》虽然已于 2012 年、2021 年、2023 年经过较大的局部性修改，但其对于一审普通程序的规定仍然停留在强调开庭的实体审理而忽略庭前程序所具有的证据整理、信息交流、争点固定、促进和解或是选择其他可替代性非讼解决方法的独立功能。2022 年最高人民法院修正的《关于适用〈中华人民共和国民事诉讼法〉的解释》（以下简称《民诉法解释》）虽进一步明确以组织证据交换、召集庭前会议等方式进行审理前的准备，并规定了庭前会议的主要内容，但遗憾的是，《民诉法解释》并未对审前程序的性质定位、功能设定、法律效力等作出明确的规定。

换言之，我国现行《民事诉讼法》未将审前程序作为一种独立于审判程序的程序加以规定，而是将审理前的准备工作作为一种相对独立的诉讼阶段与开庭审理相区别，这种立法模式体现出民事诉讼模式的“对抗”特征。由于庭前准备阶段只处理一些程序性事项，未对被告审前答辩、当事

人之间相互披露信息以及交换证据作出强制性规定，因此审前准备阶段通常无法确定双方当事人的争议焦点，无法有效组织证据交换，使得法官对案情缺乏必要的了解以及在一方当事人对另一方当事人的诉求和依据缺乏合理预期的情形下进入正式庭审，致使庭审过程成为双方当事人对抗的战场，其结果必然使得本来应当在庭前开展的准备活动不得不拖至庭审阶段进行，导致突袭性攻击与防御手段频繁出现，使得双方当事人与法官就事实问题与法律问题达成共识的基础条件丧失，其他附带的负面效应则表现为诉讼迟延、重复开庭、诉讼成本增加等。

当前，传统当事人主义诉讼模式已由“对抗式”走向“对话式”。“对话式”的当事人主义诉讼模式在进行程序构造时，可以划分为两个阶段：一是审前程序中的对话，二是庭审程序中的对话。审前程序中的对话主要通过对争点事实和证据方法的固定来实现，从而为庭审程序中的对话划定范围。但由于我国立法缺乏对于一审普通程序中“审前程序＋集中庭审”二元结构的规定，以及司法实践对当事人程序参与权、程序选择权、程序决定权等保障措施的贯彻落空，从而使得对话式民事诉讼模式难以构建，原因在于庭前程序所具备的指导诉讼信息进入、证据交换、缩小争议固定争点的功能都是三方对话得以有效进行的基础条件。

二、审前程序＋集中庭审的改造

（一）审前程序[①]

开庭前的准备程序（审前程序）是民事诉讼程序的重要组成部分，是建构以庭审为中心的现代民事诉讼程序的基础。我国《民事诉讼法》关于

---

① 我国《民事诉讼法》虽然把“审理前的准备”规定在第一审普通程序，但广义上任何需要开庭审理的民事诉讼程序，包括简易程序、第二审程序等都可能存在庭前的准备活动或此阶段需要进行的程序操作。第一审普通程序作为最为完备或“标准”的民事程序，《民事诉讼法》有关这一程序的规定必要时可广泛运用于其他种类的程序。

“审前准备阶段”的规定不同于“审前程序”的提法，因为，我国现行“审前准备阶段”只是庭审程序的一段前奏，具有依附于庭审程序的属性，不具有独立性，其主要内容包括：向当事人送达应诉材料、答辩状副本，告知当事人诉讼权利和义务以及合议庭组成人员，法院调查、收集证据，法官主持证据交换，法官决定鉴定，追加当事人等。而“审前程序”以其功能的独立性为逻辑前提，是一种解决民事纠纷的自足性诉讼程序形态，具备纠纷解决所需要的一切程序要件，其不依赖于其他程序，仅依靠自身构造，就有能力解决民事纠纷，完成诉讼的目的和任务，与庭审程序等一起构建起程序完整的纠纷解决流程。

根据哈贝马斯交往合理性理论可知，诉讼程序不但要保障主体之间的交往过程，更要保障主体之间以自由对话的方式自主交往，以获取双方所需的内容和结果。所有参加民事诉讼程序的主体都可以从自己的角度在法律规定的范围内相互进行交流，以使程序的当事人之间，使法院与当事人之间就纠纷的解决达成共识。对话性作为民事诉讼程序特征之一，也必然要在审前程序中得以体现，原因有二：其一，审前程序最终解决纠纷的方式主要是和解以及法院介入的调解等，而这些正是对话的主要表现形式，同时也是对话机制产生作用的结果；其二，由于审前程序不具有对争议进行强制解决的机制，欲使纠纷达到审前程序自力可以解决的程度，必然要求对争议进行梳理和过滤，最大限度地消除或缩小争议，以便实现纠纷的非讼化解决。在不能消除分歧的情况下，自然会滤出争点，滤出争点的目的就在于让当事人真正认清案件的症结所在，对照争点，审视相关证据材料，作出符合自身利益的程序选择。

在英美法系国家，诉讼程序被明确划分为三个阶段：诉答程序、发现程序和庭审程序。其中，审前程序主要指前两个阶段，即诉答程序和发现程序。在美国，民事诉讼由原告向法院递交诉状而开始，法院向对方当事人发出传票，指示他们对诉讼作出答辩，否则就承受缺席判决。诉答状确定了当时所知的最大限量的争议，这是当事人交流信息的起点。而随后的发现程序，也称证据开示程序，则是民事诉讼的当事人发现与当事人有关的涉及纠纷的信息的程序，有助于保存证据，明确真正存在争执的争点，并设定能够引出可采纳的证据的信息范围或界限。

在大陆法系国家，德国 1977 年《简易化修正法》规定了两种不同类型的诉讼准备方式供法院作出相应选择。其一是书面诉讼预备（书面的准备程序），该程序并不预先确定开庭日期，在送达起诉状的同时，法院要命令被告在特定期限内提供抗辩主张及答辩状，与此同时告知被告缺席的后果以及遵守时限的必要性；其二为初步审理（an early first hearing），也称言词辩论的先期首次期日，即在程序上并不免除当事人以诉讼书状准备庭审的义务。如果案件无法在初步审理中获得最终解决，法院将在这一审理阶段采取一切必要措施为主要的庭审进行充分的准备，同时，法院可以要求原告在某一明确时限内，就被告的答辩作出答复。法院可以在书面准备程序和初步审理之间作出选择。但无论法院选择哪种诉讼准备方式，法官都必须在审理之前，阅读诉讼文书，以获得对案件的初步印象。法庭须将无争议的指控和有争议的指控区分开来，考虑有争议的指控是否与最后作出判决相关，指导双方集中地对争议的问题按时提交诉辩理由，并命令收集向法院提议的证据。法院提出问题和建议，目的都是引导当事人改进、修正或者充实自己的陈述，提交更多的文件，出示进一步的证据，消除误解，以及澄清那些可能是含糊不清的地方等。在书面准备或者初步审理之后，接下来便是进入“主要庭审”活动。①

参考英美法系和大陆法系审前准备程序的做法并结合我国实际，庭前

---

① 以上内容参见汤维建：《论构建我国民事诉讼中的自足性审前程序——审前程序和庭审程序并立的改革观》，载《政法论坛》2004 年第 4 期；毕玉谦：《对我国民事诉讼审前程序与审理程序对接的功能性反思与建构——从比较法的视野看我国〈民事诉讼法〉的修改》，载《比较法研究》2012 年第 5 期。

准备的规范性具体程序可分为案件分流、送达、诉答、证据交换、固定争点、庭前调查、庭前会议、报告移交八个步骤。值得注意的是，我国《民诉法解释》第224条、第225条将庭前会议作为审理前准备的主要方式之一，并规定了基本内容。应当说，作为审前准备程序的核心环节，庭前会议制度的确立，标志着我国具有实质意义的相对独立的民事审前程序正在逐步形成。

1. 庭前会议的主要任务和功能

根据《民诉法解释》第225条的规定，庭前会议的功能主要有三：一是组织证据交换。其目的是使双方当事人在庭审前尽可能获取与案件相关的证据资料，以便在正式的开庭审理时，双方的攻击与防御能够建立在已知的、充实的证据资料基础上，防止突然袭击，并经短时间内的集中审理便可得出结论，保证实体裁判的妥当性。当然，庭前会议的证据交换，不仅限于双方当事人互换将要提交到法庭的证据资料，还包括对相关证据的初步质辩等证据评价行为，以明确提交到正式开庭的证据清单以及有关证据的争议焦点。如果仅是形式上的证据交换，通过书面方式可能更符合诉讼效率的要求。庭前会议中的证据交换，包括下列内容：其一，证据交换的范围。原则上要求当事人掌握的与案件相关的证据都应交换，法院调查收集的证据也应出示，但属于当事人为诉讼而准备的诉讼资料，涉及国家秘密、商业秘密和个人隐私的证据，涉及某些需要特别保护的社会关系证据，如涉及夫妻、父母与子女、医患关系的证据，涉及与程序事实相关的证据等可以不交换或限制进行交换。其二，证据交换的主持者。鉴于证据交换涉及对证据的初步评价等审理行为，原则上应由审理案件的合议庭成员主持。① 其三，证据交换的内容。双方相互出示证据并作说明，审判人

① 庭前会议的主持者应为审理案件的法官。在推行法官员额制与审判团队模式的司法改革背景下，庭前会议中的证据与争点整理、主持调解等实体性审理活动应由庭审法官主持，而法官助理或书记员可以辅助庭审法官，处理送达诉讼文书、收集证据等审前程序性事项。

员对当事人无异议的事实、证据应当记录在卷；对于有异议的证据，应当按照其需要证明的事实分类记录在卷，并记载异议的理由。证据交换过程中，允许当事人对证据进行初步质辩，包括对己方证据的说明、认可对方的证据以及提出异议等。法官不得在庭前会议中就当事人的异议及理由发表看法，不能对证据效力等做出认定或提出意见。其四，证据交换的效力。在庭审中，审判人员对当事人无异议的证据不再组织质证，即可以作为认定案件事实的依据，除非有足以推翻的相反证据，否则不得任意反悔。当事人有异议的证据为法庭证据调查的重点。

二是归纳争议焦点。现代裁判基于辩论主义与处分权主义的要求，当事人负有提供诉讼资料、决定审理范围的权能与责任，法官只能就当事人有争议的事实进行审理和裁判。庭前会议的争点确认功能，一方面体现为通过归纳、限缩争点，明确案件的审理对象，使法庭调查和辩论能够围绕真正的争点展开，提高庭审质证、认证的质效；另一方面也体现为有助于在庭审程序中阻断出现新的争点，当事人和法院均受已经庭前会议中确定的争点的约束，原则上不得再提出新的主张、证据等攻击防御方法。争议整理的内容包括：其一，事实争点，包括决定法律效果的构成要件事实争点、用来推断出主要事实的间接事实争点以及与证据认定相关的辅助事实争点。其二，证据争点，是当事人对证据能力、证明力以及举证责任分配等的争执。其三，法律争点，包括双方当事人对适用法律的不同主张，也包括法院拟适用的法律与当事人双方所主张的不一致时法律观点的开示。其四，诉讼程序争点，是指当事人就程序问题发生的争执，但以法律允许当事人处分者为限，非属当事人可以处分的，不能成为程序事项争点。上述四项争点整理的结果应形成争点清单，经当事人确认后记入笔录，庭审应围绕已确认的争点进行。

三是进行庭前调解。庭前会议为法官与双方当事人提供了三方沟通与交流的平台，具体而言，双方当事人在法官的主持下，围绕案情进行充分的讨论与协商，容易形成共同或相近的认识和判断，有利于达成和解或调解。特别是，为提高调解效率、防止承办法官形成先入为主的预断，庭前调解宜采用“面对面”对席调解的方式，以促成双方当事人开诚布公地自行和解。

2. 庭前会议的目标和定位

综上所述，庭前会议在促使双方当事人获得足够信息方面，具备证据开示、证据交换和举证指导的功能，并且可确定是否存在适于审判的争点，此外，庭前会议的有效运作还将导向一个有效率的审判或在知情后作出的和解。因此，庭前会议既是为庭审服务的，又具有独立解决纠纷的价值。有关庭前会议的定位，其既是为集中审理做准备的阶段，其本身又具有相对独立的程序价值；其既包含事务性准备任务，又包含实体性准备任务。因此，庭前会议的独立性程序价值体现为，它将原本在庭审程序中所做的事项，如证据交换、争点整理、促成调解等，提前到庭前准备阶段进行，在某种意义上而言，庭前会议不是单纯为庭审做准备的不具有审理性质的纯程序性行为，而是具有实体审理性质的审理行为。

3. 庭前会议的法律效力

明确庭前会议的效力，可以从两方面着手：一方面，改变证据交换笔录作为单纯记录诉讼事项或诉讼行为的文本载体的定位，将庭前会议笔录作为法定化笔录之一，赋予其具有与庭审笔录同等的效力。庭前会议笔录由承办法官、书记员和当事人签字确认后，具有法律效力，当事人与法官不得任意推翻。另一方面，明确庭前会议笔录中记载事项的效力。具体而言，包括以下内容：第一，在证据交换中，对双方当事人无争议的证据以及一致认可的事实，应当记入笔录并加以固定，不允许当事人任意变更；第二，庭审应围绕庭前会议确认的争点和证据进行，对未经庭前会议提出的主张和证据，除非有正当理由，另一方当事人可以拒绝质证；第三，当事人在庭前会议中明确表示放弃、变更、增加诉讼请求以及不提出反诉的，不得在庭审中提出，但基于错误认识等原因除外；第四，法官应将当事人无异议的事实和证据作为裁判的根据。[①]

（二）集中庭审

我们知道大陆法系各国（地区）民事诉讼理念正在经历着由自由主义诉讼观到社会诉讼观的嬗变，与此相应的是审理程序集中，强化法官诉讼指挥权并扩大法官的释明成为一个引人注目的趋势，这也必将促使我们将研究的重点聚焦于此。

开庭审理是民事诉讼程序的中心，也是集中审理的核心。更为重要的是，开庭审理并不仅仅只是个形式，而集中审理也不仅仅只是一种理论或宣言。在以获得判决为目标的民事审判中，法官被要求必须主要通过开庭审理来了解和把握案情。而作为判决基础的证据以及被证据所证明的主张等诉讼资料必须在公开[②]、对席[③]、直接[④]、口头[⑤]等程序保障的原理支配下取得。而集中审理正是要求通过一次集中的正式庭审，使当事人双方能够进行充分的辩论，从而使得法官获得足够信息来判决案件。换言之，现代民事诉讼程序结构的重要特征之一，即以开庭审理为中心，当事人围绕讼争焦点，对争议的事实及证据展开质证、辩论，法官在此基础上形成心

---

① 以上有关庭前会议的主要任务、功能、目标、定位、法律效力等内容，参见熊跃敏、张润：《民事庭前会议：规范解读、法理分析与实证考察》，载《现代法学》2016年第6期。

② 我国《民事诉讼法》非常重视诉讼对双方当事人的公开性，在第134条、第136条、第148条以及最高人民法院《关于严格执行公开审判制度的若干规定》中都明确了审判公开的内容。不仅审判过程公开，而且案件事实及证据、判决结果等都必须公开。即便是立法明确规定不公开审理的例外案件，也必须公开宣判。

③ 当事人之间的纠纷自始至终都应当在判决法官面前以口头方式进行陈述，以便法官基于自己的直接感知清晰地把握纠纷的实际状况以及真正的争点并展开集中证据调查从而更快更好地作出判决。

④ 所谓直接主义，是指法院审理、判决民事案件必须由判决法官亲自听取当事人和其他诉讼参与人的口头陈述与辩论，在口头辩论期日中审查证据及其他有关诉讼资料，最后依法作出判决的原则。

⑤ 直接审理主义与口头审理主义之间存在目的与手段之分，即直接主义乃口头主义之目的，口头主义乃直接主义之手段。

证。正如林山田先生所言："假如公判庭不能密集地审理，则因诉讼拖延过久，法官对于案情与被告早已印象模糊，自由心证自然难以形成。因此只好从书证中寻找判决书的写作资料，将起诉书改写成判决书，言词审理原则却变成书面审理，直接审理变成了间接审理。"① 2015 年最高人民法院四五纲要强调建立以审判为中心的诉讼制度，强化庭审中心意识，落实直接言辞原则。

口头意味着对话。充分的对话是"求真意识"在诉讼程序中的本能反应，它并不要求程序的主体（原告、被告、法官）达成一致意见，但至少要求三者达成某种"视域交融"，或者最低限度的"理解"。充分的对话，使得审理程序有序进行成为可能。民事诉讼程序本质上就是当事人通过交换他们的不同意见来自主地形成审理对象及诉讼结果的过程。当事人、法官亲自参与案件审理，在法律规定的范围内积极进行"对话"，达成某种"视域交融"和最低限度的"理解"，使诉争的焦点向真实性、明朗化方向发展，有效地进行案件分流，使争点明确，并使当事人之间无争议案件早日进入判决程序。②

为减少诉讼的拖延，促进集中审理，两大法系国家（地区）的民事程序立法或判例在加强当事人诉讼促进义务③的同时，也强化了法官诉讼指挥职能，以帮助处于弱势地位的当事人，使其避免因欠缺法律知识而蒙受诉讼上的不利，同时使法院能够切实协助当事人确定审判范围，防止诉讼突袭，实现纠纷一次性解决。但需要注意的是，"法官的职责是适用法律，从适用法律的立场出发指导当事人辩论，使当事人舍弃不必要的而补充必

---

① 林山田：《刑事诉讼法改革对案》，台北，元照出版公司 2000 年版，第 414 页。

② 李喜莲：《口头辩论审理样式分析——以程序效率为视角》，载《法律科学（西北政法大学学报）》2009 年第 3 期。

③ 所谓诉讼之促进系指当事人或程序关系人或法官致力于促使程序之利用、进行或运作更有效率、更加迅速，以减少在程序上付出之劳力、时间或费用而言，并非意味致力于促使当事人或一般人民尽量提起诉讼或设法多使用诉讼程序。邱联恭：《司法之现代化与程序化》，台北，三民书局 1992 年版，第 322 页。

要的辩论。特别是在当事人本人诉讼的场合下，更需要法官的这种指导，不然漫无边际的辩论也会导致拖延诉讼。但即使行使阐明权也并不减轻当事人的责任。”①

另外，证据调查的结果与言词辩论的全部意旨②应同时成为促使法官达成心证结果的原因。在德国、日本等大陆法系国家的民事诉讼中，受诉法院认定案件事实必须在斟酌言词辩论的全部意旨与证据调查的结果基础上进行。如德国《民事诉讼法》第 286 条规定：“法院应斟酌言词辩论的全部内容以及证据调查之结果，依自由心证评价事实上的主张是否真实。”又如日本《民事诉讼法》第 247 条规定：“法院作出判决时，应斟酌口头辩论的全趣旨及证据调查的结果，依自由心证判断能否认定事实主张为真实。”由于证据方法的明确性及客观实在性，受诉法院在根据证据调查的结果认定案件事实时，必能在判决理由中对于其乃是从何种证据方法中得出此种证据调查的结果作出明确的说明。但由于言词辩论的全部意旨在内容上极其含糊，有些事项甚至“只可意会，不可言传”，因而，受诉法院在判决理由中明确地揭示其乃是依何种言词辩论的全部意旨对案件事实进行认定的有时极其困难甚至可以说乃不可能。对此，日本最高法院在昭和 36 年（1961 年）4 月 7 日就法官依言词辩论的全部意旨与证据调查的结果对双方当事人是否缔结了租赁契约的事实进行认定之判例中，日本最高法院认为，受诉法院在依言词辩论的全部意旨而形成对某一事实的确信时，其在判决理由中对此作出具有一般常识的人都能理解或首肯程度的说法在多数场合下乃是件很困难甚至是不可能的事。特别是，将当事人向受诉法院陈述案件事实时的陈述态度等呈现给法官的外部印象记载于判决书中，

① ［日］兼子一、竹下守夫：《民事诉讼法》，白绿铉译，法律出版社 1995 年版，第 73 页。

② 德、日学者认为，言词辩论的全部意旨不仅包括当事人的事实陈述本身，而且也包括当事人在案件审理中的所有作为与不作为以及当事人及其诉讼代理人在言词辩论程序中留给法官的个人印象。当事人的沉默、拒绝作具体化陈述、主张的逾时提出、怠于举证、不真实的或相互矛盾的陈述、对事实主张的变更、证据声明之撤回等。

或者由书记官像法官所认识到的那样准确地将其记载于笔录中更是困难或不可能。因此，在受诉法院依言词辩论的全部意旨认定案件事实时，受诉法院在判决理由中于可能的范围内对言词辩论的全部意旨之具体内容予以说示以便能够为上诉法院事后审查确认该事实认定是否适法即可。[①]

三、完善相关保障制度

（一）当事人听审请求权

程序参与原则，从权利的角度来说是当事人及相关第三人所享有的程序参与权；从职责的角度来说则要求法院保障当事人及相关第三人的程序参与权，禁止突袭裁判。诉讼当事人及相关第三人的程序参与权属于古典的程序基本权，被称为诉讼程序的大宪章，大体上包括诉讼知情权和听审请求权。

诉讼知情权，又称获得程序通知权、程序通知权，属于公民知情权的范畴。其主要内容是：诉讼当事人及相关第三人有权充分及时了解与己相关的诉讼程序的进行情况；法院必须平等、及时地告知受到诉讼结果影响的当事人及相关第三人，使其能够充分及时地了解诉讼程序的进行情况，以便其能够充分及时地参加诉讼，行使诉讼听审权或者适时适式做出诉讼行为。

听审请求权（the right to be heard or the right to a fair hearing），又称诉讼听审权，是指“当事人就民事诉讼中的事实、证据、法律等问题有要求国家尤其是它的法院给予充分陈述其意见、主张其权利的机会，使其能富有影响地参与法院解决争议的活动的权利”。[②] 与之相应，法院有义务向当事人提供平等的机会，以使其在裁判前表达其对作为法院裁判基础的案件

---

① 参见占善刚：《言词辩论的全部意旨研究——德国、日本的判例、学说之考察及其启示》，载《现代法学》2012 年第 2 期。

② 任凡：《听审请求权研究》，法律出版社 2011 年版，第 13 页。

事实和法律的观点。法院非法限制或剥夺当事人所享有的听审请求权所作出的裁判为突袭裁判。有学者认为禁止突袭裁判主要包括两种情形：禁止发现真实的突袭和禁止法律适用的突袭。所谓禁止发现真实的突袭，主要是指法院在言词辩论终结前，未使当事人及相关第三人有充分机会证明和辩论法院判决所采用的事实，从而使当事人及相关第三人在未能就不利己的事实做出反证或陈述意见的情况下，接受法院裁判。禁止发现真实的突袭还要求法院适时公开心证，使当事人及相关第三人及时了解法官如何判断证据、采用哪些证据、是否形成确信等，以适时补正证据。所谓禁止法律适用的突袭，主要是指法官在对程序事项或实体事项按照诉讼法或实体法作出裁判之前，对如何适用法律规范，应当给予本案当事人及相关第三人表达意见和做出解释的机会。①

听审请求权强调当事人的程序主体地位，要求程序的设置须给予当事人充分的尊重，增强当事人对裁判结果及裁判理由形成的参与程度和影响力，赋予当事人充分陈述意见、声明主张的权利等。一些法治发达的国家和地区将听审请求权规定为当事人的宪法权利之一，如德国 1949 年颁行的《德意志人民基本权利法》第 103 条第 1 款规定："任何人在法院面前均有听审请求权。""如果从裁判理由得出结论认为，法院根本就没有考虑当事人陈述的核心内容或者对该内容存在严重的误解，那么，侵犯了法定听审权……当裁判'没有——在《德国民事诉讼法》第 313—313b 条的意义上——说明理由时'，也侵犯了听审权（参见《德国民事诉讼法》［旧法条］第 579 条第 3 款第 1 句和第 2 句的第 1 个半句）。"② 除此之外，德国的民事诉讼立法与司法实践始终贯彻听审请求权理念，塑造了多项有特色的程序制度以切实保障该权利的实现，比较有代表性的是《德国民事诉讼

① 参见邵明：《论民事诉讼程序参与原则》，载《法学家》2009 年第 3 期。

② ［德］汉斯 - 约阿希姆·穆泽拉克：《德国民事诉讼法基础教程》，周翠译，中国政法大学出版社 2005 年版，第 253 页。

法》第139条[①]所规定的法官释明与法律观点指出义务。所谓释明是指在诉讼过程中，法官为了促使不明确的诉讼资料变得明确，就事实上以及法律上的有关事项向当事人发问或促使当事人提出主张与证据的活动。所谓法律观点指出义务，是指法院欲适用当事人在辩论中没有提出的法律观点作为判决的基础时，必须向当事人指出并给予其表明意见的机会的义务。释明是听审请求权的重要保障，法律观点指出义务也是听审请求权的要求。在德国，侵害听审请求权不仅可以向宪法法院提出宪法抗告，在一定条件下也可以由普通法院管辖。不仅有普通的民事上告程序可以救济，还有专门针对听审请求权侵害的听审责问程序。而英美等国基于正当程序理念，在宪法与民事诉讼法的双重层面也阐述出“在对任何一个人作出司法决定之前，都应给予他足够的通知和被听审的机会”的理念。

因此，听审请求权是当事人要求程序保障的宪法基础，是诉讼具有正当性的基础，也是生效终局判决具有既判力的根据。听审请求权作为一项宪法权利（程序基本权），从诉讼法的视角来看它并不是单一的某种诉讼权利，而是多个具体诉讼权利的综合体，基本内容包括受通知权、知悉权、到场权、陈述权、证明权、突袭性裁判禁止请求权、意见受尊重权七个方面。

为更好地实现我国当事人和相关第三人的程序主体性地位，我国民事程序立法应对具有宪法价值的听审请求权予以充分重视：首先，在民事诉

---

① 《德国民事诉讼法》第139条（实体性诉讼指挥）规定：（1）法院对于事实关系与法律关系在必要时可以与当事人从事实上以及法律上进行讨论或且必须发问。法院必须努力敦促双方当事人适时、完全的陈述所有重要的事实，特别是补充主张事实不充分的地方，表明证据方法并提出适当的申请。（2）对于当事人明显忽视或轻视的观点，法院就此进行释明并给予当事人陈述意见的机会时，可以作为裁判的基础，但仅与请求有关时不在此限。对于法院与双方当事人持有的不同观点亦同。（3）法院必须注意职权斟酌事项所存在的疑问。（4）本条所指释明必须尽可能早点进行且记载于书面中。仅该文书的内容可以证明法官实施了释明。对于文书的内容，仅许可证明其是伪造的。（5）当事人一方无法根据法院的释明直接进行说明时，根据该当事人的申请，法院可以以书面方式作出说明并指定追加提出的期限。段文波：《德国法律适用突袭问题之对策与启示》，载《法律科学（西北政法大学学报）》2011年第6期。

讼制度的设计和程序的运作中确立听审原则，充分落实当事人享有的程序参与权，使得当事人能够充分参与程序；其次，改进民事诉讼具体制度，加强双方当事人以及双方当事人与法官之间的沟通与理解。为此，民事诉讼一方面应规定当事人充分陈述和真实陈述的义务，另一方面应强化法官释明义务、法律观点指出义务以及心证随时公开义务，使当事人能够充分参与事实认定以及法律适用过程，能够以自己积极的举证、陈述、辩论等行为影响案件的审理结果，避免裁判突袭情形发生。

（二）当事人主张责任与真实义务

在我国，诉状与答辩状可以说是最重要的口头辩论的准备文书。但与德国、日本以及美国相较，我国民事诉状的记载内容过于琐碎，当事人几乎是在没有法律构成观念的状态下书写诉状的。因此，当事人很难在诉状中充分地表明自己的攻击防御方法，不利于法官早期了解案情并促进纠纷解决。我们知道，在当事人主义诉讼模式中，辩论主义是指诉讼资料由当事人收集以避免法官突袭裁判，这既是当事人的权能，又是责任。诉讼资料主要包括诉讼请求所依据的事实和证明事实的证据，因此辩论主义又可以分为事实提出原则与证据提供责任。前者为主张责任，是辩论主义的核心，其要求法院的裁判基础必须由当事人在庭审中提出。后者为举证责任，其要求法官在法庭中所调查的证据原则上应以当事人提出申请为前提。而我国民事审判方式改革是在减轻法院负担的背景中启动的，但由于主张责任的长期缺位，证明责任的机能严重受损。具体来说，如果没有主张责任的规制，不负证明责任的当事人在答辩中简单否认或作出不知的陈述即可，但是这样既不利于双方当事人在早期把握对方的观点，也不利于法官在诉讼早期整理争点，同时有碍法院与当事人之间的沟通与交流。当下德奥民事诉讼改革的方向是希望当事人尽早提出全部攻击防御方法。为了促进诉讼，当事人不得主张其认为不真实的事实，同时也不得争议对方当事人提出的真实的主张。民事诉讼中的当事人不仅要提出主张，还要积极提出完全且真实的主张。①

（三）法官释明义务

我国学界对于法官释明已有诸多论述②，通说认为释明是指在诉讼过程中，法官为了促使不明确的诉讼资料变得明确，就事实上以及法律上的有关事项向当事人发问或促使当事人提出主张与证据的活动。我国现行《民事诉讼法》虽然没有明确系统地规定释明制度，但从某些司法解释的规定中我们可以看到释明制度的雏形，例如，2019 年通过的《民事证据规定》中的多个条文涉及举证释明的相关内容。③ 由于语言具有模糊、不确定的特点，当事人的声明或陈述意思不够清楚、不充分，从而被法官误解的情况时有发生。再加上诉讼又是一项专业性很强的活动，当事人经常在诉讼中提出不当的声明，或者提出的证据不足。为了保障当事人的听审请求权，使其能够积极参与到诉讼过程中来，在出现上述情形下，法官可以通过释明促使上述问题明确化，避免当事人与法官之间的沟通出现阻碍。由此我们看到，对话式当事人主义诉讼模式尤为重视法官释明，因为法官释明在保障对话实质实现的层面上发挥了重要作用。关于释明，我们应当

---

① 参见段文波：《一体化与集中化：口头审理方式的现状与未来》，载《中国法学》2012 年第 6 期；段文波：《庭审中心视域下的民事审前准备程序研究》，载《中国法学》2017 年第 6 期。

② 例如，张力：《阐明权研究》，中国政法大学出版社 2006 年版；韩红俊：《释明义务研究》，法律出版社 2008 年版；熊跃敏：《民事诉讼中法院的释明：法理、规则与判例——以日本民事诉讼法为中心的考察》，载江伟主编：《比较民事诉讼法国际研讨会论文集》，中国政法大学出版社 2004 年版；江伟、刘敏：《论民事诉讼模式的转换与法官的释明权》，载陈光中、江伟主编：《诉讼法论丛》（第六卷），法律出版社 2001 年版；周立民：《试论阐明权》，载《政法论坛》2001 年第 3 期；等等。

③ 2019 年通过的最高人民法院《关于民事诉讼证据的若干规定》第 2 条中“人民法院应当向当事人说明举证的要求及法律后果，促使当事人在合理期限内积极、全面、正确、诚实地完成举证”；第 4 条中“一方当事人对于另一方当事人主张的于己不利的事实既不承认也不否认，经审判人员说明并询问后，其仍然不明确表示肯定或者否定的，视为对该事实的承认”，这里法院的“说明”和“询问”就是一种释明。

形成共识："因法官在诉讼中没有正确合理履行释明义务导致案件严重偏离公正的，应当发回重审或者提起再审。释明的准确定位是，其目的在于弥补当事人诉讼能力的不足，协助指导当事人将本案有关的诉讼资料全部纳入审理范围，使案件得以充分审理。法官释明的界限是不超出根据审判观念逻辑判定的当事人真实意愿范围，法官释明不得违反当事人主义的基本原则。对释明范围的把握可以是：(1) 当事人的诉讼请求、事实主张及案情陈述不明确时，通过释明使其明确。(2) 当事人诉讼请求、诉讼理由不适当时，通过释明使其适当。特别是当事人主张的法律效果与法院认定的不一致时，应依法通过释明使当事人相应变更诉请。(3) 当事人因疏忽、误解导致提供的材料、证据不充分时，通过释明使其补充。(4) 为了推进诉讼进程，法官可以敦促当事人澄清主张、提供材料、提交证据。(5) 涉及举证责任的具体分配时，应通过释明促使当事人正确履行举证义务。(6) 在案件事实真伪不明时，根据'审理穷尽'原则指导当事人尽可能进一步举证。"①

此外，法官释明也适用于重要的程序性事项②，如对于原告没有列出必须诉讼的共同被告这种情况，法官可向原告进行释明，说明该被告必须参加诉讼的理由并要求原告在诉状中列出，如果原告坚持不列，则法院即以"被告不适格"为由对原告的起诉裁定不予受理或驳回，无须依职权追加共同被告。再如应诉管辖制度，《民事诉讼法》第130条第2款规定："当事人未提出管辖权异议，并应诉答辩的，视为受诉人民法院有管辖权，但违反级别管辖和专属管辖规定的除外。"这一条款实质上是把《民事诉讼法》有关涉外民事诉讼应诉管辖的规定扩展到国内民事诉讼领域，进一步体现了高度尊重当事人意思自治的立法指向。不过，在民事诉讼中，正

① 张晓华：《新当事人主义论》，载《河北法学》2009年第12期。

② 以下参见王亚新：《新民事诉讼法关于庭前准备之若干程序规定的解释适用》，载《当代法学》2013年第6期。

确适用应诉管辖制度，存在与移送管辖如何衔接、如何解释等问题。详述之，原告起诉后，法院审查诉状时有责任对案件是否应由“受诉人民法院管辖”的起诉条件做出判断。如果法院认为原告的起诉不符合上述条件，实务中一般是告知原告另行向有管辖权的法院起诉，如原告坚持在本院诉讼，则做出不予受理的裁定。但是，法院一旦受理了原告的起诉，在向被告送达之前发现案件不属于本院管辖，就应按照《民事诉讼法》第 37 条的规定，把案件移送给有管辖权的法院。根据这种理解，应诉管辖的前提在于，直至送达之前，受理原告起诉的法院仍认为本院对案件享有管辖权。如果被告在诉状送达直至答辩期届满前对案件实体问题进行了答辩，却并未提出管辖权异议，即使本案不属于受诉法院管辖，受诉法院也因被告“无异议”的默示或不作为而取得了对本案的管辖权。基于最大程度尊重当事人意思表示的诉讼法理，我们认为应把人民法院“移送管辖”的适用限定于送达之前。因为，在送达后被告对于是否提出“管辖权异议”已经有了选择可能，这时应适用“应诉管辖”更为妥当。具体而言，在诉状送达被告之后，即使法院发现本院对案件无管辖权，也不得将案件径行移送有管辖权的法院。法院应就“本院无管辖权”的重要程序事项向原被告双方进行释明，如果原告不要求移送管辖，被告也不提管辖权异议的话，一旦答辩期届满法院即取得本案的管辖权，除非违反级别管辖或专属管辖的规定。

（四）法律观点指出义务

对法院而言，其在民事诉讼中的作用不能仅止于推动诉讼程序的运行层面，更应在作为裁判基础的事实、证据与法律适用等裁判资料的形成层面给予当事人适当的协助，以求得当事人对审判过程与审判结果的双重认可，使审判获得正当性。法院在裁判资料的形成层面给予当事人的协助，在现代欧洲社会语境下被称为法官实质指挥诉讼，或实体性诉讼指挥。法官实质指挥诉讼，是一种诉讼方式，而非法官实施权限的形式。法官指挥诉讼是保障当事人法定听审权的手段，并因此成为诉讼对话的工具。其中，法院通过履行释明义务，为当事人主张事实、收集证据提供协助，对此上文已有论述；而在法律适用层面给予当事人的协助，则要通过法律观点指出义务得以完成。这里的法律观点，系指法院以当事人所主张的事实、证据为基础而形成的法律评价。

当然，正如法官知法原则所要求的，在诉讼中，法律的解释适用仍属法院的专权，原则上并不受当事人法律见解的约束。即使法院开示自己的法律见解，当事人拒绝适用，也并不妨碍法院基于该法律观点作出判决。但在诉讼中开示法律观点，使当事人不仅就事实问题，而且对法律适用也能充分地表明自己的意见，进行辩论，既有利于当事人适时提出与法院的法律评价相对应的有关事实与证据，防止突袭性裁判，又能提高审判的透明度，使当事人易于理解和接纳裁判，审判的正当性容易得到认同。同时法律观点指出义务也向人们昭示这样一种新的司法理念：法律的判断权并非法官独占，应当为当事人提供对法官的法律判断权施加影响的机会，以保障当事人在法领域中的程序参与权，协同发现法之所在。

立法者期待通过法官履行该义务，使诉讼资料尽量集中于第一审，促进审理的集中化和诉讼的迅速化。因为如果法院尽可能早地公布其法律观点，当事人就可以将案件陈述限制在对裁判显著的、重要的事实上。同时也能够发挥防止突袭性裁判的功能。不过，该条文并不要求法官公开全部的裁判理由和指出所有的法律依据，只是指向可能作为裁判基础，但被当事人明显忽略或认为不重要的法律观点。对于当事人已经讨论过的不影响判决基础的法律观点即无须指出。

在德国，突袭性裁判被视为“司法之癌”。而防止突袭性裁判的最有效方式，就是尽可能在诉讼的早期，公开法官有关案件的重要的法律观点，并赋予当事人对此表明意见的机会。如与法官进行有关法律适用的讨论，说服法官改变其主张；或者及时修正自己的法律见解，并适时提出与法官的法律见解相适应的主张，补充新的事实与证据等。在当事人就法律适用充分表明意见后，最终的裁判才能真正为当事人所信服，同时也能在一定程度上减少上诉案件的数量。

通常认为，法律观点指出义务包括如下内容：

第一，指出义务的对象是法律观点。在德国，法律观点的范围不仅包括法规的适用和与之相关的法律上的构成要件，还涵盖判例与学说上的见解、法律的论证、学说以及判例所确定概念的适用等包括实体法与程序法在内的所有对裁判重要的法律观点。当然，法官指出法律观点的范围要受当事人所提出的事实范围的限制，法院不能就缺乏事实基础的请求权或否定性抗辩进行开示。例如，当事人没有提出超过诉讼时效的事实，法院就不能提示当事人为时效抗辩。

第二，指出义务的要件是该法律观点为当事人明显忽略或认为不重要，以及不同于双方当事人已提出的法律观点。这是法律观点指出义务的核心内容，它明确了法官履行法律观点指出义务的三种情形。需要指出的是，该义务并不要求法官在当事人所主张的各类法律观点中作出判断并向当事人开示，也不得强迫法官进行讨论或者公布全面的判决预告，只需要法官公开其法律观点足已。①

第三，指出义务的适用阶段。在德国，通说认为其应适用于全部诉讼程序，包括辩论准备程序、证据调查程序直至最终的口头辩论程序结束前。尤其应当强调的是，2001 年新修改的《德国民事诉讼法》为了促进辩论的集中，鼓励法官在诉讼的早期阶段积极履行指出义务。

第四，指出义务的目的是赋予当事人就法律观点表明意见的机会。当事人可以通过口头或书面形式展开攻击与防御。即便法官明知指出法律观

---

① ［德］罗尔夫·施蒂尔纳、阿斯特里德·施塔德勒：《法官的积极角色》，载［德］米夏埃尔·施蒂尔纳编：《德国民事诉讼法学文萃》，赵秀举译，中国政法大学出版社 2005 年版，第 428 页。

点后，当事人仍难以提出新的事实与证据，法官仍有指出的必要，以赋予其对法律观点本身的正当性进行辩论的机会。法官履行该义务后，当事人可选择对此表明意见的时机。通常，如果在审理期日中法官指出法律观点，当事人可立即表明意见，也可进行准备后再为表明。若是后者，法院可另定审理期日。如果在言词辩论终结后才发现有指出之必要，则应再开言词辩论程序。

第五，违反指出义务的法律后果。违反法律观点指出义务，既包括法官违反中立原则超越指出义务的界限，也包括怠于履行该义务。对于前者，如前所述，在德国，立法者期待法律观点指出义务能够在事实审中发挥行为规范的作用，因此，对于法律观点指出义务的界限，法院拥有裁量的空间。在不会导致不公正的情况下，它可以超过强制规定的法定指示的界限。① 而如果法官怠于履行该义务，即裁判系基于未向当事人指出的法律观点作出的，则构成程序瑕疵，当事人可申请上诉审法院改判或撤销原判发回重审。在上诉审中，如果当事人因此而延迟提出攻击防御方法，则不构成失权，例外地允许提出新的攻击防御方法（2001 年《德国民事诉讼法》第 531 条第 2 款第 2 项）。为便利上诉审的审查，立法规定法院进行指出时应当将指出的内容记录在案。对于不能通过上诉救济的裁判，当事人也可以违反听审请求权为由提起宪法诉讼。此外，2001 年新修改的《德国民事诉讼法》还增加了对第一审裁判的异议程序。如果当事人认为第一审法院侵害了听审请求权，可以向原审法院提出书面异议。若异议成立，法院应继续原来的程序。该规定为第一审法院提供了自我纠正错误判决的机会，同时也有利于减轻上诉审和宪法诉讼的负担。②

---

① ［德］罗尔夫·施蒂尔纳、阿斯特里德·施塔德勒：《法官的积极角色》，载［德］米夏埃尔·施蒂尔纳编：《德国民事诉讼法学文萃》，赵秀举译，中国政法大学出版社 2005 年版，第 428 页。

② 以上内容参见熊跃敏：《民事诉讼中法院的法律观点指出义务：法理、规则与判例——以德国民事诉讼为中心的考察》，载《中国法学》2008 年第 4 期。

第八章　民事审判权运行保障机制

一、民事审判公开保障机制

阳光是最好的防腐剂，将民事审判权的运行置于阳光下，将民事审判活动置于社会公众的监督之下，让暗箱操作没有空间、司法腐败无处藏身。因此，司法公开是民事审判权依法独立公正行使最好的监督和保障手段之一。但民事审判公开也应注意把握以下要求：一是公开应遵循司法规律，严格依法进行。审判公开不是无条件的公开。合议记录、审判委员会讨论记录不宜列入司法公开范围，这是保障法院依法独立行使审判权、强化法官职业保障的规律要求。二是合理划定审判公开和外部干预界限。为防止外部非法干预，一方面，要逐步明确不予公开的材料范围，防止将干预审判、影响审级独立等材料纳入审判秘密；另一方面，要规范法院内外的监督权，努力做到“干预必留痕、过问必留印、干扰必有责”，防止暗箱操作。三是“公开”不等于“公布”。

司法公开并不意味着所有司法信息都应在互联网发布。按照宪法和法律，庭审依法公开进行，裁判文书经宣判并向当事人送达，就是践行审判依法公开原则。人民法院司法公开工作，要按照宪法和法律规定，既充分满足社会公众的参与权、知情权和监督权，又切实做好数据、信息安全及个人隐私等权利保障和风险防控工作，防止公民的正当权益、企业的生产经营以及公共利益因不当公开受到不利影响。

2013 年 11 月，最高人民法院印发《关于推进司法公开三大平台建设的若干意见》，启动了审判流程公开、裁判文书公开和执行信息公开三大平台建设。在此基础上，2015 年最高人民法院四五纲要为保障法官能够依法、独立、公正行使审判权，制定实施了完善庭审公开制度、完善审判流程公开平台、完善裁判文书公开平台、完善执行信息公开平台等改革举措。2019 年最高人民法院五五纲要对深入推进审判流程、庭审活动、裁判文书、执行工作等方面信息公开建设以及健全完善司法公开制度体系，加大四大公开平台（审判流程、庭审活动、裁判文书、执行信息）建设作出明确部署。

（一）深化庭审活动公开

完善庭审公开制度，即建立庭审公告和旁听席位信息的公示与预约制度，推进庭审全程同步录音录像，并规范以图文、视频等方式直播庭审的范围和程序。目前，最高人民法院官方微信客户端专设“司法公开”子菜单，微信用户点开子菜单可直接链接中国庭审公开网、裁判文书网、流程信息公开网和执行信息公开网。此外，最高人民法院官方网站会定期发布“开庭与庭审直播公告”，人民群众可通过中国庭审公开网、最高人民法院官方微博、最高人民法院官方微信、新浪司法等平台观看庭审直播。2019 年最高人民法院五五纲要提出，要“进一步健全庭审公开的范围、流程和保障机制。完善中国庭审公开网功能，扩大庭审公开范围，以有典型意义、社会关注度高的案件为重点，充分运用网络直播、视频录播、图文直播等形式，实现庭审公开常态化，主动接受社会监督，促进提升司法能力，深入开展法治教育”。

（二）深化审判流程信息公开

完善审判信息数据库，方便当事人自案件受理之日起，在线获取从立案到结案的各类业务信息。自 2013 年以来，全国各级法院全面启动“推进审判流程信息公开平台建设”的探索与实践，进一步将案件流程管理系统①向本案的当事人和律师开放，使其通过案号即可了解自己案件的进展情况和程序安排。2014 年 8 月，“中国审判流程信息公开网”上线试运行，同年 11 月，该网站正式开通。截至 2015 年年底，全国各高级人民法院普遍建成本辖区三级法院统一的审判流程信息公开平台，并与中国审判流程信息公开网建立了链接，初步实现“一个入口查看全国法院所有在办案件流程信息”。2018 年 3 月，最高人民法院公布《关于人民法院通过互联网公开审判流程信息的规定》（以下简称《公开审判流程信息规定》），据此，案件当事人及其法定代理人、诉讼代理人、辩护人将可通过中国审判流程信息公开统一平台查询全国法院所有涉诉案件的审判信息。需要特别指出的是，《公开审判流程信息规定》有以下三个方面的内容值得关注：（1）明确界定应当公开的审判流程信息范围，公开的内容已由节点信息向实体材料进一步延伸，促进了审判流程信息公开更趋实质化。具体包括：①程序性信息，涉及收案、立案信息，结案信息；检察机关、刑罚执行机关信息，当事人信息；审判组织信息；审判程序、审理期限、送达、上诉、抗诉、移送等信息；庭审、质证、证据交换、庭前会议、询问、宣判

---

① 案件流程管理系统，是指由立案庭或审判管理办公室负责将所有案件纳入统一管理系统，对每个案件自立案以来的进展情况进行跟踪，并按照法律规定的审理期限，进一步将全程时间划分为重要的程序环节（节点时间），每到节点超过而相应程序行为尚未完成，则以红色标记预警。

等诉讼活动的时间和地点；裁判文书在中国裁判文书网的公布情况。②处理诉讼事项的流程信息，涉及回避、管辖争议、保全、先予执行、评估、鉴定等流程信息。③诉讼文书，涉及起诉状、上诉状、再审申请书、申诉书、国家赔偿申请书、答辩状等诉讼文书；受理案件通知书、应诉通知书、参加诉讼通知书、出庭通知书、合议庭组成人员通知书、传票等诉讼文书；判决书、裁定书、决定书、调解书，以及其他有中止、终结诉讼程序作用，或者对当事人实体权利有影响、对当事人程序权利有重大影响的裁判文书。④笔录，涉及庭审、质证、证据交换、庭前会议、调查取证、勘验、询问、宣判等诉讼活动的笔录。（2）明确区分向案件当事人和公众公开审判流程信息的案件范围。与人民法院审判政务信息公开、裁判文书公开、庭审公开的对象为不特定的社会公众不同，审判流程信息重在保障当事人在诉讼活动中的知情权、参与权和监督权，因此，审判流程信息主要是向参加诉讼的当事人及其法定代理人、诉讼代理人、辩护人公开。但对于一些具有重大社会影响的案件，考虑到人民群众对审判动态的知情需求较为强烈，《公开审判流程信息规定》第1条明确了人民法院可将这类案件通过互联网或其他方式向公众公开。（3）明确规定人民法院可依托中国审判流程信息公开网开展电子送达。《公开审判流程信息规定》第14条明确规定，在严格采集、核对诉讼参与人身份信息以及征得受送达人书面同意的前提下，各级人民法院可借助中国审判流程信息公开网向民事、行政案件的诉讼参与人“点对点”电子送达除判决书、裁定书、调解书以外的诉讼文书。

（三）深化裁判文书公开——构建“两库一网”格局

2013年7月1日最高人民法院上线运行中国裁判文书网。值得关注的是，2024年1月上线运行全国法院裁判文书库；2024年2月27日最高人民法院上线运行人民法院案例库并向社会开放。至此，中国法院裁判文书公开已然形成“两库一网”格局。

1. 中国裁判文书网建设

公开裁判文书是保障公民知情权、监督司法活动和提高司法公信力的重要手段。中国裁判文书网是最高人民法院于2013年建立的全国法院统一的裁判文书公开平台。2013年7月1日，中国裁判文书网正式上线，集中公布了第一批50个生效裁判文书，引发社会广泛关注和好评。同年11月最高人民法院公布的《关于人民法院在互联网公布裁判文书的规定》提出，自2014年1月1日起，除涉及国家秘密或个人隐私、涉及未成年人违法犯罪、以调解方式结案的、其他不宜在互联网公布的案件外，人民法院作出的生效裁判文书均应当在互联网公布。2015年6月底起，全国31省份及新疆生产建设兵团的三级法院，已全部实现生效裁判文书上网公布，即案件类型全覆盖、法院全覆盖。经过10年扩容，中国裁判文书网累计公开裁判文书1.3亿余篇，不仅成为全世界最大的裁判文书库，也被视为中国司法改革和司法公开取得的标志性成就之一。同时，公开裁判文书对法官审理案件的专业水平，也提出了更高要求。曾有法官接受采访时坦陈，面对疑难复杂的案件，他在书写裁判文书时反复推敲，说理清楚透彻，力争做到“辨法析理、胜败皆明”。2024年1月14日，最高人民法院在全国高级人民法院院长会议提出，持续深化司法公开，加大裁判文书上网力度。具有法治引领、教育、警示作用的文书，都应当上网；最高人民法院、高级人民法院的文书，要更多地上网；上网文书数量应当保持相当规模，并应当覆盖各审判领域、多种案件类型。同时要平衡好文书公开与当事人合法权利、隐私保护之间的关系，上网公布裁判文书要隐去相关识别信息，确保当事人及其家人的生活工作、各类企业单位的经营发展不受裁判文书上网公布的影响。

2. 全国法院裁判文书库建设

为有针对性地加强审判管理、辅助司法决策、服务国家和社会治理，最高人民法院决定建设全国法院裁判文书库，支持全国法院干警在四级法院专网查询检索裁判文书。2023 年 11 月 21 日《最高人民法院办公厅关于建设全国法院裁判文书库的通知》（法办〔2023〕551 号）规定，上传入库的裁判文书应当为终版裁判文书，即向当事人送达、加盖人民法院印章的裁判文书，具体包括判决书、裁定书、调解书和决定书（不含涉密案件和含有敏感信息的裁判文书），文书时间范围为 2021 年 1 月 1 日以来结案且向当事人完成送达的终版裁判文书。应当说，全国法院裁判文书库不是为了给法官办案提供类案查询，而是着眼于国家和社会治理中司法大数据的分析应用，为制定司法政策、推进司法改革、提出司法建议等提供依据和参考。

3. 人民法院案例库建设①

为针对性解决裁判文书网使用不便、检索不准、标准不一等问题，最高人民法院经研究决定于 2023 年 7 月建设人民法院案例库。2024 年 2 月 27 日，人民法院案例库正式上线并向社会开放。人民法院案例库收录对类案具有参考示范价值，并经最高人民法院审核认可的权威案例。人民法院案例库建成后，面向包括专家学者、律师、当事人等在内的社会公众开放。

一是法院审理案件必须参考入库类似案例作出裁判。人民法院案例库开放后，各级法院在审理案件时必须查阅案例库，参考入库类似案例作出裁判，以保障法律适用统一、裁判尺度统一，避免“同案不同判”。当然，入库参考案例必须在司法理念、法律适用、裁判尺度、工作方法等方面具

---

① 有关内容参见《最高人民法院相关部门负责人就征集人民法院案例库参考案例有关问题答记者问》，载最高人民法院官网 2023 年 12 月 22 日，https：//www. court. gov. cn/zixun/xiangqing/421342. html；《人民法院案例库正式上线并向社会开放》，载最高人民法院官网 2024 年 2 月 28 日，https：//www. court. gov. cn/zixun/xiangqing/426222. html；《人民法院案例库建设工作新闻发布会答记者问》，载最高人民法院官网 2024 年 2 月 28 日，https：//www. court. gov. cn/zixun/xiangqing/426212. html。

有典型性、指导性，能够为类案办理提供权威参考；同时也要充分发挥司法裁判的评价、规范、引领功能，促进社会公众通过案例更加方便地学习法律，了解相应领域的裁判规则，从而明悉行为规范，提高诉讼预期，促进诉源治理。

二是人民法院案例库建立推荐案例以及用户评价、动态更新机制。人民法院案例库在平台首页开通了“推荐案例”通道，同时在每个入库案例的下方设有用户评价和意见建议反馈模块。案例入库后，法官和社会各界都可以针对有关案例所确立的裁判规则是否正确、是否妥当等发表意见。法院对确实存在问题的案例，要及时清理出库；对因为法律、司法解释修改、废除等导致入库案例过时，或者针对同一法律适用问题，发现在理念、规则、方法等方面更具引领价值的案例的，要及时更新案例，确保入库案例始终具有指导性、权威性和典型性、时效性。

三是有关人民法院案例库与中国裁判文书网的关系。最高人民法院指出，人民法院案例库与中国裁判文书网都是深化司法公开、促进司法公正的重要载体。但二者的功能定位有所不同。人民法院案例库重在规则指引，为法官办案提供权威、精准的参考和指引，同时为社会各界更好学法用法提供服务。中国裁判文书网重在司法公开，保障人民群众的知情权，让法院裁判接受社会各界的监督。

（四）深化执行信息公开

经过改版升级后的中国执行信息公开网于 2018 年 6 月 8 日上线试运行，面向社会公开 2018 年 6 月 1 日后全国法院新收首次执行案件、执行恢复案件、执行异议案件、执行复议案件、执行监督案件的相关信息。在具体功能方面，一是在执行信息公开、当事人与法官信息交流互动、执行信息公开监管上更加权威、方便、及时，当事人可以通过电脑端、移动端访问使用中国执行信息公开网；二是从多个维度公开相关执行信息，社会公众可以通过相对应入口查询查看法院发布的失信被执行人信息、限制消费人员名单、执行实施案件的被执行人信息、法院终结本次执行案件信息以及执行法律文书等信息，发布司法拍卖公告、执行案款公告等信息，当事人还可以通过注册并登录网站查询个人案件流程节点信息，并通过留言功能与办案法官进行交流互动，同时能够综合查询被执行人的失信、限制消费、终本案件相关信息；三是为执行法官、当事人等用户提供相互沟通、彼此互动的信息化平台，做到主动、全面、即时的执行信息沟通；四是提供执行指南、法律法规、理论与实务、执行资讯、法官风采、典型案例、执行微电影、公益广告、数说执行等栏目信息，方便广大群众及时了解执行法律法规和执行工作相关信息。[①] 2019 年最高人民法院五五纲要也提出，要优化整合各类执行信息公开平台功能，拓展执行信息公开范围，推动实现执行案件流程信息、被执行人信息、失信被执行人名单信息、网络司法拍卖信息等在同一平台集中统一公开。加强与社会征信体系的对接，规范失信被执行人信息公开的方式和机制，推动完善“一处失信、处处受限”的信用惩戒格局。

二、民事审判权运行人力物质保障机制——法院人财物省级统管改革

长期以来，法院人财物管理机制具有明显的地方保障性、同级管理性、内部决策性及上级有限参与性等特征[②]，被认为是严重影响乃至干扰人民法院依法独立公正行使审判权的重要原因之一。为此，党的十八届三中全会明确提出，应当“改革司法管理体制，推动省以下地方法院、检察院人财物统一管理”。为落实党的十八届三中全会的司法改革部署，中央

① 参见王晓萌：《中国执行信息公开网改版升级》，载《人民法院报》2018 年 6 月 8 日，第 1 版。

② 参见左卫民：《省统管法院人财物：剖析与前瞻》，载《法学评论》2016 年第 3 期；左卫民：《中国基层法院财政制度实证研究》，载《中国法学》2015 年第 1 期；左卫民：《省级统管地方法院法官任用改革审思——基于实证考察的分析》，载《法学研究》2015 年第 4 期。

全面深化改革领导小组于2014年6月6日审议通过《关于司法体制改革试点若干问题的框架意见》，启动了包括地方法院检察院人财物“省级统管”在内的一系列司法改革措施。2014年中央政法工作会议上，习近平总书记对这项改革的政治背景、理论基础、推进步骤等作了深刻阐述。习近平总书记指出，“我国是单一制国家，司法权从根本上说是中央事权。司法机关人财物应该由中央统一管理和保障。世界各主要国家也普遍实行由国家或某一个专门机构统一管理司法人员、经费等司法行政事务。考虑到全国法官、检察官数量大，统一收归中央一级管理和保障，在现阶段难以做到，这次改革主要推动建立省以下法院和检察院法官、检察官编制统一管理制度，法官、检察官由省提名和管理并按法定程序任免的机制，探索由省级财政统筹地方各级法院检察院的经费”①。2015年最高人民法院四五纲要对省以下地方法院人财物统一管理作出了部署，主要包括：一是配合省以下法院人事统管改革，推动在省一级设立法官遴选委员会，从专业角度提出法官人选，由组织人事、纪检监察部门在政治素养、廉洁自律等方面考察把关，人大依照法律程序任免。二是配合中央有关部门，推动省级以下地方法院经费统一管理机制改革。严格“收支两条线”管理，地方各级人民法院收取的诉讼费、罚金、没收的财物，以及追缴的赃款赃物等，统一上缴省级国库。2019年最高人民法院五五纲要提出，要稳妥推进省以下地方法院编制、人事管理改革。推动完善省以下地方法院机构编制由省级机构编制部门管理为主，高级人民法院协同管理的体制。配合有关部门健全完善中级、基层人民法院领导干部管理体制。要研究完善人民法院司法经费保障机制。研究完善财物管理机制，研究建立经费动态调整机制。换言之，在中央“顶层设计”的安排下，本轮司法体制改革的重点内容之一，就是将地方法院的人、财、物决定权上收并进行统一管理，以此来实

① 参见蒋惠岭：《论“中央事权—省级统管”模式及完善》，载《政法论丛》2021年第3期。

现司法的“去地方化”与统一实施，提升司法权威性与公信力。

（一）法院人财物省级统管的内涵与本质

法院省级人财物统管，是指将曾经由同级人大和地方政府主要行使的法院人事及财政管理权上提到省一级管理主体进行统一管理。具体而言，人的统一管理，即建立省以下法官统一提名、党委审批、分级任免的管理机制。财物的统一管理，主要体现在建立省以下地方法院经费由省级政府财政部门统一管理的机制。①

法院省级人财物统管的逻辑前提是，司法权是一种具有中央事权属性的国家权力。地方各级法院是国家设立在全国各地的审判机关，并非“地方”特别是“地方政府机关”的内设部门。在我国，《宪法》第 128 条规定，“中华人民共和国人民法院是国家的审判机关”。该法第 129 条第 1 款规定，“中华人民共和国设立最高人民法院、地方各级人民法院和军事法院等专门人民法院”。《人民法院组织法》第 2 条第 1 款规定，“人民法院是国家的审判机关”。该法第 3 条规定，“人民法院依照宪法、法律和全国人民代表大会常务委员会的决定设置”。从这些规定可知，我国的司法权属于中央事权而非地方事权。地方法院不是地方设立的法院，而是国家设立的法院系统在地方的分支，是中央审判机关（最高人民法院）之下的审级。换言之，地方法院不是地方的审判机关，而是国家设在地方的审判机关。

长期以来，根据我国确定的财政分灶吃饭、干部分级管理的模式，地方各级人民法院的人事任免、经费保障主要依靠所在地方。根据“事权、

---

① 左卫民：《省统管法院人财物：剖析与前瞻》，载《法学评论》2016 年第 3 期。特别是财物的省级统管，意味着省级以下地方各级法院的经费支出不再主要依靠同级地方财政，而改由省级财政统筹，中央财政则通过转移支付及专项资金等予以补充。参见王亚新：《“省级统管”改革与法院经费保障》，载《法制与社会发展》2015 年第 6 期。

财权、人权”相统一的原则，财权、人权的行使应当以“事权”为核心。习近平总书记指出，“司法机关人财物受制于地方，司法活动容易受到干扰；司法行政化问题突出，审者不判，判者不审”①，都属于不合理的司法体制和工作机制。究其原因，主要是未将司法权的中央事权属性与司法权的实现方式（司法机关人财物的管理和保障）有机结合统一。②

法院人财物省级统管的改革思路就是要通过剥离地方法院较为突出的地方功能定位，探索建立一种“省化”乃至未来条件成熟时的“中央化”各级法院，以对应司法权属于中央事权的理论基点。应当说，法院人财物省级统管，是落实司法独立乃至审判独立③的重要举措。对此，有学者指出，随着“法治”被认知为对于国家和社会具有特殊意义的重大价值，也随着在全国范围内形成统一的活跃市场，并且国家日益把维系这种秩序并走向一种“法律面前人人平等”的社会正义视为进行治理的目的及自身提供的公共服务之重要内容，因此，司法经由提升为省级政府事权乃至最终落实为中央事权的条件或许正在逐渐成熟。④ 而法院省级人财物统管改革正是现代国家建构和治理法治化进程中的一个重要环节。

（二）法院人财物省级统管的实践探索——以安徽为例⑤

需要特别指出的是，尽管省级统管改革是本次司法体制改革中具有基

① 习近平2014年1月7日在中央政法工作会议上的讲话。

② 参见蒋惠岭：《论“中央事权—省级统管”模式及完善》，载《政法论丛》2021年第3期。

③ 有学者指出，“司法独立”并不一定等同于“审判独立”，而“审判独立”在逻辑上则一定归结到“司法独立”。如果把每个法院视为行使审判权的整体，“司法独立”是指法院不受行政机关等外部干预。但法官个人独立行使审判权即“审判独立”，首先是指个案的办理不受法院内部各个层次的干预，当然，也不应受到来自外部的干预。参见王亚新、李谦：《解读司法改革——走向权能、资源与责任之新的均衡》，载《清华法学》2014年第5期。

④ 王亚新：《“省级统管”改革与法院经费保障》，载《法制与社会发展（双月刊）》2015年第6期。

⑤ 张坚：《坚持党的领导是做好法院工作的根本保证》，载《人民法院报》2017年8月23日，第5版。

础性质的四项改革举措之一，但全国各地法院究竟以何种方式、在多大程度上实施怎么样的省级统管机制，中央并未明确指示，而是在作出顶层设计后将其交付各地结合自身实际探索。当前，全国中级、基层法院院长均已实现由省级党委（党委组织部）管理，其他领导班子成员则结合当地实际，个别地方由省委组织部管理，但绝大多数地方由省委组织部委托当地地市级党委管理。在职务任命方面，各地均按照“省级统一提名，地方分级任免”的模式操作，即仍由同级地方国家权力机关任免。在财物管理方面，吉林、安徽、湖北、广东、海南、青海等省份实行省级统一管理，有的省份则暂时还是以地市为单位实行统一管理。[①] 下面，以安徽为例，翔实展现省级统管改革的地方实践探索。

1. 人员统管改革实践

安徽省委、各市委组织部成立政法干部处、干部科，归口管理法院领导班子、领导干部。安徽省高级人民法院积极做好干部统管相关配合工作，各中级人民法院做好协助管理工作。

在统管上，省高级人民法院领导班子成员及厅级干部、市中级人民法院院长由省委管理；基层人民法院院长由省委委托省委组织部管理，当地市委及市中级人民法院党组协助管理；市中级人民法院领导班子其他成员由省委委托市委管理；基层人民法院领导班子其他成员由当地市委委托市委组织部管理；中级、基层人民法院其他干部管理权限不变。

在编制统管方面，先行试点法院机构编制上收至省编办统一管理，省高级人民法院协助管理。先行试点法院内设机构、政法专项编制、领导职数调整，由省高级人民法院审核，报省编办审批。省高级人民法院对全省法院编制使用进行统筹管理、统一审核把关，并会同省编办、省人社厅等

---

① 参见《司改“成绩单”之法院人财物统一管理》，载最高人民法院官网 2017 年 7 月 7 日，http：//www. sohu. com/a/155179023_ 170817；蒋惠岭：《论“中央事权—省级统管”模式及完善》，载《政法论丛》2021 年第 3 期。

职能部门下发通知，要求地方不得限制法院使用编制招录人员。近年来，安徽省法院新进人员 80% 以上配置到基层，85% 以上配置到一线办案岗位，空编率下降近一半。

在员额统管方面，省高级人民法院在中央确定员额比例框架内，综合考虑各地案件数量、辖区人口数量、经济发展情况等因素，对法官员额统一测算、统一调配，向一线办案部门倾斜，全省基层人民法院法官员额比例差最大达到 12 个百分点。

在招录进人方面，省高级人民法院依据中院相关要求，统一审核汇总公务员招录计划，统一设定法官助理招录条件，严格控制司法行政人员及其他人员招录规模。

在人员调任方面，省高级人民法院严格审核全省法院所有人员调任，防止不规范进人，杜绝改革试点期间突击进人等。在法官遴选方面，省高级人民法院统一部署全省法官遴选工作，会同省人事考试院组织统一考试，指导各级法院进行考核，配合省法官遴选委员会审议表决，并对相关信访妥善处理。中级、基层人民法院对本院法官确定遴选条件，组织考试考核。

在职级评定方面，落实法官单独职务序列改革方案要求，重点向基层和办案一线倾斜，中级人民法院 30% 的法官可晋升为三级以上高级法官，基层人民法院 40% 的法官可晋升为四级以上高级法官。

2. 财物统管改革实践

省级层面，安徽省财政厅专门成立政法处，安徽省高级人民法院职能部门积极协调省财政厅政法处。一是确立“一处一中心”管理模式，“一处”即省财政厅归口部门政法处为管理主体，“一中心”即省高级人民法院设立安徽法院财务管理中心，负责办理省财政厅委托的系统预算财务管理具体事务。二是安徽省高级人民法院会同省财政厅联合出台《财物省级统一管理机制暂行办法》《预算省级统一管理暂行办法》《固定资产省级统一管理暂行办法》《非税收入省级统一管理暂行办法》等规定，在全国法院系统率先开发使用全省统一的财物和司法行政管理信息化平台，整合财务和诉讼费管理、资产管理和“两庭”建设管理等。先行试点法院作为省级财政一级预算单位，向省财政厅编报预算，预算资金通过国库集中支付系统拨付。省高级人民法院和省财政厅分工负责政法转移支付资金管理，省高级人民法院根据市、县级法院办案任务等情况提出调整建议。试点法院预收的诉讼费由省高级人民法院统一上缴国库，并由省高级人民法院不定期向试点法院拨付退费备用金。值得注意的是，安徽省三级法院的人员津补贴、政策性奖励、公积金等支出依据属地原则，由地方财政保障不变。以市为单位，制定分类保障标准。地方财政部门依照略高于当地公务员待遇的标准设定基数，与改革前的保障力度一致。同时，通过适当提高基数，实现经济相对落后地区人员增加收入的诉求。对于试点法院的基本建设债务，在资产划转省财政厅统管前，由当地政府负责清理化解。“两庭”建设涉及的土地、规划等，由地方政府和国土资源、住房和城乡建设等部门协助落实。在土地税减免、“两庭”建设缺口资金配套、落实各项优惠政策等方面，由地方政府持续加强保障。

（三）目前法院人财物省级统管改革的成效、问题与建议

人财物省级统管是一项牵一发而动全身的系统工程，涉及干部统管、法官等级套改、司法人员职业保障、编制管理、财务统管机构设置、财政政策出台以及经费预算安排等各个方面。从改革一开始，中央有关部门便意识到这项改革的整体性和复杂性。2016 年 7 月 18 日全国司法体制改革推进会提出，“各省区市推进这项改革时，可从实际出发，因地制宜，不强求步调绝对一致。条件具备的，由省级统一管理或以地市为单位实行统一管理；条件不具备的，可暂缓实行”。从目前的进展情况看，32 个省市自治区的改革进度有快有慢，不尽统一。有些省份完成了所有法院检察院

经费的统管改革，但多数省份对于“人”的统管还只是停留在中级人民法院和基层人民法院的院长等重要岗位的统管，其他人员仍委托当地组织部门管理。但无论如何，这些改革的方向和阶段性效果是得到肯定的。我国是单一制国家，司法权从根本上说是中央事权，地方司法机关的人财物逐渐收归地市、省级乃至中央统一管理，作为改革总的方向不会也不应动摇。

1. 成效

以安徽实践为视角，参照全国其他省、市的改革探索，法院人财物省级统管改革取得以下令人瞩目的成效：

一是重塑法官人事任命机制，改变了现有法官任用多为内部决策、同级任命且存在地方差异的机制。改革后，法院人事任免权直接上移至省级，当然也并非省级法院单独决定，而是采用法官遴选委员会这种中立、权威、多元、专业、透明的外部评审机构共同作出决策，有助于专业人才的培养选拔和专业知识技能的积累，实现省域内法官任用标准和选任程序的统一、规范。对此，2019 年修订的《法官法》第 16 条明确规定，“省、自治区、直辖市设立法官遴选委员会，负责初任法官人选专业能力的审核。省级法官遴选委员会的组成人员应当包括地方各级人民法院法官代表、其他从事法律职业的人员和有关方面代表，其中法官代表不少于三分之一”。从试点情况看，多数地方采取了分步走策略，人事省级统管在事实上成为一种折中式的有限统管。法院主要领导的人事任用采用少数统管、关键统管的方式。目前，中级、基层法院主要领导的任命权由省级党委（省级组织部）实质实施，其他领导班子成员往往由省委组织部委托当地地市级党委管理。在法律职务任命方面，各地均按照“省级统一提名，地方分级任免”的模式操作。

二是减少当地党政机关的外部干预，建立更科学的干部管理体制。改革前，中级、基层法院院长的选任，通常由上级党委行使决定权，上级法院和本级党委分别行使协管权和建议权。人员统管改革以后，基层党委及其组织部门不再直接负责本地法院的干部管理，间接消解了基层党政领导干部干预司法的主要“抓手”，建立了基层司法机关防范同级外部权力干预的“防火墙”。与此同时，法院系统对自身干部管理的权限极大增强。比如，深圳市中级人民法院对基层法院除院长之外的全部干部拥有推荐权、决定权、备案权等人事管理权能，而且基层人民法院党组对本院科级及以下干部也拥有了自主决定权。①

三是统筹整合全省市辖区内人力配置，将办案力量压向基层。改革之前，基层人民法院的内设机构、人员编制、领导职数等主要由各区县自行管理，造成一定程度的各行其是、“丰俭”不均。统管以后，由省市法院统一与同级组织部门、编办、人事局等进行协调，有利于各省市法院在辖区内统一调配人员、编制，也有利于将办案力量向“人少案多”问题突出的基层法院倾斜。

四是重构了各地法院高度依赖地方财政的格局，破解了现有司法受制于地方当局的难题。改革前，地方法院财政保障模式为人员类经费和日常办公类经费由同级财政保障，办案经费和业务装备则由中央、省级和同级财政按比例负担。改革后，每个法院都被视为独立的一级预算单位，通过将财政保障主体上提至省级，可以重构人民法院与地方权力架构，改变长期以来审判机关对地方财政高度依赖的局面，有助于实现财政供给的充分性，同时，也有利于消解司法受制于地方当局所带来的不良影响。

五是有效缓解了各地法院经费保障严重不均情形。各地法院经费省级统管后，特别是在省级财政得到中央有力支持并秉持“托高补低”等经费统筹和拨付方针的前提下，原来在经济发达地区与中西部地区法院之间存在的“苦乐不均”现象会在一定程度上得到缓解，并在财政保障的力度方

① 参见陈杭平：《“人财物省级统管”改革的成效与完善》，载《人民法治》2018 年 Z1 期。

面有所提升。[①]

2. 问题及建议

作为一项超前于理论研究和制度构建而进行的实践探索，法院人财物省级统管虽初步实现了预期目标，但同时也暴露出大量问题，为人财物省级统管改革的理论创新和立法完善提出了新课题。具体而言：

一是从临时及局部情况来看，财务统管改革以后，个别享受同级政府财政补贴的基层法院可能会出现人员待遇略有下降的现象。但是，这种地方政府提供的财政补贴受地方财政收入严重制约，甚至会受到主要领导个人意愿的影响，并不具有可持续性。而且，以各种名义发放的办案补贴、津贴，严格来说也不符合相关财政管理规范。相反，法院经费省市级统管以后，随着相关保障方案的落实到位，不仅能按照统一标准提高全体法院工作人员的收入水平，而且因具有正式制度和长效机制的保障，既可持续，又合法合规。我国《人民法院组织法》第57条明确规定，“人民法院的经费按照事权划分的原则列入财政预算，保障审判工作需要”。司法既然为中央事权，地方法院司法经费的管理和保障应当由中央承担。但就当前正在调整事权与财权结构的改革过程中，“一步到位”的可行性不大，改革的第一步只能将经费省级统管先落实到位，之后再探讨进一步的改革方案。

二是省市级统管后，是否意味着地方法院在各方面与所在地区党委政府彻底“脱钩”。我们知道，地方司法机关人财物省级统管改革，旨在通过省级以下地方各级法院人财物的统一管理以及与行政区划适度分离的案件管辖，以期逐渐形成能够有效减少地方党政机关介入干预案件的制度框

① 2014年6月6日，中央全面深化改革领导小组第三次会议审议通过《关于司法体制改革试点若干问题的框架意见》时强调，地方各级法院、检察官经费上收省级统一管理时，要考虑各地经济社会发展实际，使各地办公经费、办案经费和人员收入不低于现有水平，为办公、办案提供必要的物质保障。参见左卫民：《省统管法院人财物：剖析与前瞻》，载《法学评论》2016年第3期。

架，从而实现司法的“去地方化”。但法院人财物省级统管改革，绝不是让法院与所在地区党委政府彻底“脱钩”，而是在坚持党对政法工作的绝对领导基础上，加强和改善党对政法工作领导的方式方法，促使地方党委政府不断提高运用法治思维和法治方式领导政法工作的能力和水平。对此，彭真同志认为，“政法机关坚持党的领导，是由人民民主专政的国家性质和法律的阶级性决定的，离开了党的领导，政法工作就会出乱子。党对政法机关的领导，根本的是要通过形势决定决策来实现[①]”。因此，司法机关在推动人财物省级统管改革时，应正确认识和处理坚持党的领导与确保法院依法独立公正行使审判权的关系。

三是从人员统管的角度看，需要警惕上下级法院由审级关系蜕变为领导、命令关系。人员统管带来的一个直接后果是上级法院对下级法院的干部管理权限加大。尤其是基层法院除作为“一把手”的院长外，领导班子成员主要由上级法院决定。法院省级人财物统管改革，应在确保审级独立的前提下，建立更加科学的法官选任和法院员额制度，避免出现上级法院借“人权”和“财权”干预下级法院依法独立审判的情形。

四是骤增的人事工作量与有限人事管理能力之间的矛盾。改革后，法官任用由过去的地方与本院任用变为上级和外部任用。对于省级任用主体而言，激增的人事工作量，再加上信息获取的渠道与方式有限，各省遴选委员会如何在可能并不十分熟悉候选人的情况下依然有效审查并选任适格的法官[②]，是一个亟待解决的问题。有学者一针见血地指出，省级的实质审查权将有可能弱化，转而由形式批准权取代。[③]

① 刘松山：《彭真论党的领导与政法机关独立行使职权》，载《法学论坛》2013年第4期。

② 从上海首次入额遴选法官的情况看，省级法官遴选委员会将业务能力作为重要的判断标准，主要通过提前查看工作简历、现场听取陈述答辩方式对候选人进行筛选。诸如候选人的个性修养、沟通协调、应急处变以及领导管理等方面的素养和能力，难以考察和衡量。参见简工博、郑法玮：《上海首次遴选晋升法官检察官——128名法官、37名检察官建议名单出炉，司法改革试点将为全国提供经验》，载《解放日报》2015年3月23日，第2版。

③ 左卫民：《省统管法院人财物：剖析与前瞻》，载《法学评论》2016年第3期。

五是即使人财物统管上收到省级，但由于法官的住宅、福利、就医、配偶就业、子女入学等诸多事项仍是地方化的，因此，地方掣肘司法机关的可能性仍然存在，“去地方化”目标的实现仍需要细致的实操规则。进而言之，法检人财物省级统管改革的进一步落实落地，有赖于中央真正的投入，切实减轻包括省级地方在内的财政负担，建立更好的司法人员福利保障系统。此外，人财物统管措施的真正落地，也同样有赖于其他各项司法改革措施的相互支持和整体司法改革的全面推进，特别是司法责任制的推行与落实，使法检两院真正独立行使审判权和检察权。①

应当说，“中央事权—省级统管”具有过渡性和阶段性，也具有进一步完善的开放性。例如，有学者提出，在当前改革成果的基础上，在坚持司法权属于中央事权原则不变的前提下，鉴于我国人口众多、幅员辽阔、发展不平衡的国情，可以考虑对改革方案作出调整，引入“中央事权—两级分管”模式。第一级分管为中央管理最高人民法院和高级人民法院，即由中央负责对较高层次司法权进行直接管理，对中级人民法院、基层人民法院实行标准和政策方面的间接管理；第二级分管为省级管理中级人民法院和基层人民法院。当然，各个层次的直接管理与间接管理均应通过民主管理方式进行，而不是由最高人民法院直接管理高级人民法院司法行政事务，或者由高级人民法院直接管理中级和基层人民法院的行政事务。② 总之，在单一制多民族的社会主义中国，如何通过司法体制改革实现司法权的事权属性与实现方式的统一，将是一个相对较长的改革过程，也需要更多的理论支持和实践检验。

---

① 于晓红：《“去地方化”与“去行政化”的博弈与平衡——2014 年以来法检人财物省级统管改革再审视》，载《中国法律评论》2017 年第 5 期。

② 参见蒋惠岭：《论“中央事权—省级统管”模式及完善》，载《政法论丛》2021 年第 3 期。

三、法官职业保障制度建构与完善

司法是一项具有高度专门性的活动，司法公正的实现离不开高素质的法律职业群体，而法律职业人员的职业化是培养高素质法律职业群体的重要途径。在法律职业人员职业化进程中，职业准入门槛的建立①、职业培训的规范化②和职业保障措施的完善是最为核心的三个内容。

党的十八届三中、四中全会部署的全面落实司法责任制，是全面推进司法体制改革的基础工程。深化司法体制改革，绝不仅仅是通过遴选产生员额法官从而达到提高员额法官待遇的目的，关键在于把司法责任落实到位，把案件质效提档升级，让人民群众在每一个司法案件中感受到公平正义。因此，加强民事审判权的依法履职保障，不仅由于法官“白加黑”“5+2”的辛勤付出，更在于审判权是一种对诉讼争议的判断权和裁决权，这一本质属性决定了行使主体的权责利必须一致、履职责任必须与保障程度相匹配，不能只行使权利不承担义务，只享受保障不担当责任。

党的十九大报告提出要深化司法体制综合配套改革。健全司法人员职业保障制度是深化司法体制综合配套改革的题中应有之义，如何推动法官保障落到实处是实现司法改革目标的关键之一。2017 年中央办公厅、国务院办公厅印发《保护司法人员依法履行法定职责规定》，对加强法官职业

---

① 2002 年，我国正式实施国家统一司法资格考试。2002 年 7 月，最高人民法院印发《关于加强法官队伍职业化建设的若干意见》，要求全面推进法官职业化建设，逐步建立符合审判工作特点的法院工作人员分类管理机制，提出人民法院法官、法官助理、书记员、执行员、司法行政人员的分类管理要求。2005 年 10 月，最高人民法院印发《人民法院第二个五年改革纲要》，继续强调要推进人民法院工作人员的分类管理，加强法官队伍的职业化建设。2014 年，在既有改革基础上，法检系统又推出员额制改革，对担任法官和检察官提出进一步要求。

② 法律职业人员需要通过不断培训和学习，以确保自身具备行使相应法律职责的基本技能和法律知识，这是司法人员职业化的基本要求。2019 年修订的《法官法》第 30 条规定，初任法官实行统一职前培训制度。该法第 31 条规定，对法官应当有计划地进行政治、理论和业务培训。法官的培训应当理论联系实际、按需施教、讲求实效。该法第 32 条规定，法官培训情况，作为法官任职、等级晋升的依据之一。2019 年修订的《检察官法》第 31 ~ 33 条也作了类似规定。

保障作出诸多有益的规定。2019 年修订的《法官法》在法律总则中增加法官履职保障的内容，单独设立“法官的职业保障”一章，内容涵盖法官工资福利制度、法官身份保障、法官安全保障、法官履职保障以及设立法官权益保障委员会等。法官作为司法的执掌者，只有当自身的职业权益得到充分保障时，才能敢于担当、不徇私情，始终忠于法律、公正司法，才能使司法真正成为社会公平正义的最后一道防线。

（一）法官职业保障的内涵及主要内容

民事审判权之履职保障，顾名思义，就是保障法官依法独立公正行使民事审判职权的一系列制度机制。美国学者波斯纳曾以法经济学的解释范式深刻剖析了法官最真实的一面：“不能把法院系统视为一帮子圣洁的天才加英雄，他们并不神奇，不会不受自我利益的牵引。”[①] “法官并非圣人、超人，而是非常人性的，行为受欲望驱动，追求诸如收入、权力、名誉、尊重、自尊以及闲暇等他人同样追求的善品，因此受工作条件和劳动力市场的影响。只是法官职位的激励和约束（制度）以及更大的司法行动语境与其他人或其他职业不同，才使法官追求的表现形式与常人不同。”[②] 合理吸收波斯纳学者的观点，关注法官的效用函数，为法官设定合理的激励机制，使法官具有合理的薪酬、社会地位、荣誉和尊严，是法官坚守司法正义的最重要动力之一。

所谓法官职业保障，是指对从事审判工作的职业人士正当履行职责提供保障，在制度上全面落实法律赋予法官的职业权力、职业地位和职业素质，增强法官职业的荣誉，其目的并非为法官谋取特权与利益，而是有效

---

① ［美］理查德·A. 波斯纳：《超越法律》，苏力译，中国政法大学出版社 2001 年版，第 128 页。

② ［美］理查德·波斯纳：《法官如何思考》，苏力译，北京大学出版社 2009 年版，代译序第 4 页。

保障法官主体地位，保障法官依法履行职责，从而维护国家法律尊严和司法权威。

以《世界司法独立宣言》为代表的国际性法律文件明确了法官职业保障的原则：一是法官身份的保障。由法院成员和法律专家组成的机构负责对法官进行任命，最终由法院决定是否任用；一旦予以任用，法官的职务为终身制，法官的晋升、调任、惩戒、免职均由法官参与，依法定程序进行。二是法官审判权的运行保障。法官的司法裁判不受其他法官、所在法院以及上级法院的干扰，保持应有的独立性。三是监督法官的司法行为，限制法官在政府、立法机关和政党内任职，并限制法官从事商业活动，保持法官的司法中立性。四是给予法官一定的司法特权，立法机关不得参与并讨论正在审理的案件，防止干扰法官行使独立审判权；新闻媒体不得以新闻自由的名义企图对案件施加影响，或对案件的审理发表评论性意见；法官因履职而发表的言论、作出的行为享有不受法律追究的权利。

法官职业保障的十项最低标准[①]：一是社会各界对司法的地位和作用形成共识；二是维护司法功能正常发挥作用的政治责任必须落到实处；三是法官享有身份保障；四是保障法官享有与其身份地位相符的物质待遇；五是法官的人身安全应当受到保护；六是司法活动应有充足的经费保障；七是媒体与法院之间形成良好的互动关系；八是法官对司法活动受到的干预具有程序处置权[②]；九是司法职务行为享有豁免权；十是对法官的纪律惩戒应有符合法官职业特点的程序保障。

2002 年 7 月，最高人民法院发布《关于加强法官队伍职业化建设的若

---

① 参见蒋惠岭：《司法职业保障的十项最低标准》，载《法制资讯》2009 年第 11 期。

② 法官作为司法程序的掌控者，对于司法程序中发生的各类行为有一定的程序处置权。例如，法官对于哄闹法庭者可以采取强制措施，对于来自上级法官个人的不当影响可以记录在卷。除此，法官还可通过其他程序措施，制裁、抵御、矫正非法干预行为。例如，对于来自不同方面的个人干预，法官可要求将这类可能影响到案件审判结果的因素在法庭上公开，并交给双方当事人辩论；上级法院可以将下级法院受到干扰的案件进行重审，或者发回重审，或者指令其他法院重审；当事人可以司法职业保障不足、法院难以独立公正裁判为由，请求上级法院撤销原判。

干意见》。其中，加强法官职业保障的内容包括：第一，保障法官的职业权力。法官应当依法独立公正行使审判权，坚决排除行政机关、社会团体和个人的干预，坚决排除地方和部门保护主义的干扰。同时，也要杜绝法院内部的行政干预，落实合议庭、独任法官对案件作出裁决的权力。第二，保障法官的职业地位。法官一经任用，除正常工作变动外，非因法定事由，非经法定程序，不得被免职、降职、辞退或者处分。各级人民法院特别是上级人民法院要坚决支持法官严格依法办案，支持他们依法履行职责。第三，保障法官的职业收入，逐步提高法官待遇，增强法官职业的吸引力，维护法官职业应有的尊荣。第四，完善法官的职业监督。建立完善符合审判规律的法院内部的审判监督制约机制。同时，积极接受人大监督、法律监督、舆论监督和社会监督，力争将内部监督和外部监督有机结合起来。

（二）法官审判独立与法官职业保障的关系

在相关的基础理论研究中，有一对关系范畴值得关注，即法官审判独立与法官职业保障的关系。法官审判独立，是指法官在审理和裁判案件过程中，只依据事实和法律，以自己的良知独立判断，不受任何行政机关、社会团体或个人的支配和干预，同时也不受法院内部非程序性的违法干预。实践证明，法官独立审判是当代各国司法制度的核心和基石，是实现司法公正最基本的前提。

为保障法官独立审判的有效实现，法官应享有以下几种主要的职业权利：一是独立权。法官在执行其司法职务时，除受法律及其良知的拘束外，不受任何干涉。二是终身制。除非法官因不称职或行为不端使其不适于继续任职，否则不得予以停职或撤职。三是免责权。法官对其执行法官职务之有关事务，应享有不受诉讼及不出庭作证的豁免权。四是申诉权。应确保被控法官公平及充分的听证机会。五是薪俸权。法官的薪俸及退休金，应与其身份尊严、职务的责任相称，且应依物价的上涨而随时调整。①

法官职业保障与法官独立审判其实是一个问题的两个方面，两者互为因果，有保障才有独立，有独立才有保障。法官审判独立意味着“制度性独立”。换言之，法官审判独立，从根本上来说是制度设计和保障问题。法官独立行使审判权不仅是司法公正的前提，更是法官履职保障的基本条件。要建立完善一套遵循司法规律、符合中国国情的法官职业保障体系和运行机制，不断树立法官权威，增强司法公信力，提高司法在国家政治生活中的地位。

值得一提的是，2019 年修订的《法官法》第 2 条和第 7 条明确规定，“法官是依法行使国家审判权的审判人员”“法官依法履行职责，受法律保护，不受行政机关、社会团体和个人的干涉”。2019 年《法官法》的修订，对《宪法》《人民法院组织法》中有关“人民法院依照法律规定独立行使审判权，不受行政机关、社会团体和个人的干涉”条文进行了深化，明确了法官是独立行使审判权的主体，体现了《法官法》加强法官保障的初衷。

（三）我国法官职业保障制度的建立与发展

在世界范围内，司法人员的职业保障体系是评估一国法治发展水平的重要指标之一。改革开放以来，我国持续探索建立现代司法职业制度，1982 年《宪法》《人民法院组织法》等明确规定了同级法院的院长由人民代表大会选举产生，副院长、法官由同级人大常委会任命，告别了副院长、法官由行政机关任命的历史。从此以后，中国现代司法职业制度建设进入健康发展的新时期。1995 年制定的《法官法》是构建现代法官职业制度的一部重要法律。2001 年统一司法考试制度的建立，奠定了我国现代司

① 张慜、蒋惠岭：《法院独立审判问题研究》，人民法院出版社 1998 年版，第 419 ~ 437 页。

法职业准入制度的基础。2005 年《法官法》的修订，为司法职业保障提供了必要的法律依据。党的十八大提出进一步深化司法体制改革以来，法官职业制度的建设有了更进一步的发展。特别是十八届四中全会后出台的一系列文件从职务序列、分类管理、薪酬制度、履职保障等方面作出了明确的规定，这些文件多数以中共中央和国务院（或中共中央办公厅和国务院办公厅）的名义公布实施，既具有党的政策指导意义，又具有法规效力意义。

（四）法官职业权力充分行使保障机制

1. 建立法院系统垂直管理系统

首先，建立垂直统一的经费管理机制。统一的司法权应有统一的经费保障，这是单一制国家的通例，目的在于确保基层法院不再受到各级地方政府的制约，有利于强化法院独立办案职能，也更有利于强化法官的职业保障。其次，建立统一的司法人事管理机制，完善司法人员横向流动和纵向晋升机制。有关上述两点，本章第二部分“民事审判权运行人力物质保障机制——法院人财物省级统管改革”已有论述，不再赘述。再次，建立法官后备人才库，坚持从基层法官中择优遴选最高法院、高级法院和中级法院的法官，同时，建立最高人民法院、高级人民法院和中级人民法院的法官到基层任职机制，将优秀审判人才向基层倾斜。对此，2019 年修订的《法官法》第 17 条规定，“初任法官一般到基层人民法院任职。上级人民法院法官一般逐级遴选；最高人民法院和高级人民法院法官可以从下两级人民法院遴选。参加上级人民法院遴选的法官应当在下级人民法院担任法官一定年限，并具有遴选职位相关工作经历”。此外，还应完善法官考核晋升制度，建立科学合理符合审判规律的业绩评价体系和考核晋升机制，采用逐级晋升和择优晋升相结合的方式，拓宽基层法官晋升渠道，优化人力资源的合理配置，提高基层法官的工作效率。最后，合理布局最高人民法院巡回法庭和跨行政区划法院设置。长期以来，我国行政区域与法官的司法管辖区高度重合，法院人财物来源实际上受制于地方政府，由此导致司法权的中央事权属性与管理保障上的地方性往往产生不可调和的冲突，司法权的具体运行极易受到地方因素的影响和干预。针对上述问题，根据十八届三中、四中全会决定，2014 年 8 月 31 日全国人大常委会作出关于在北京、上海、广州设立知识产权法院的决定，2014 年底又在上海、北京分别设立上海市第三中级人民法院和北京市第四中级人民法院进行跨行政区划法院改革试点，2016 年底实现最高人民法院 6 个巡回法庭覆盖全国六大区域。

2. 完善法官独立办案制度

建立法官依法独立审判的职业保障制度，必须尊重法官审判权力的特性和权力运作的特殊规律，凸显法官在审判工作中的中心地位。第一，明确法官的审判职责，对法院各个岗位的工作内容和范围作出明确的规定，保证法官独立行使审判职权。同时，还要理顺院庭长行使审判职责、审判监督管理职责和行政管理职责的关系，明确院长、庭长只有在独任审判或者参加合议庭审理案件时，才能履行审判职责；履行审判监督管理职责时，院长或庭长的观点与独任庭、合议庭裁判意见不一致时，应建议提交审判委员会讨论决定，不得擅自更改独任庭或合议庭意见。院长、庭长如因工作失职导致本单位、本部门发生重大事故、廉政风险、违法犯罪等情况，应当承担领导责任；如果分管部门审判瑕疵较多、审判质效下滑、司法作风不正、审判纪律松弛，也应追究院长、庭长领导不力、敷衍塞责、管理不善等管理责任。但司法审判不同于日常行政管理，应遵循“谁审理、谁裁判、谁决定、谁负责”原则。涉及具体案件问责，未参与案件审理和决策的院庭长不是审理者和裁判者，一般不承担错案责任。司法责任制落实后，法官不能借口上级领导没有审核把关推卸责任，院长、庭长也不因错案为法官“背锅”。第二，尊重审判规律，优化审判权的运行机制，建立独任庭、合议庭审判责任制，做到让审理者裁判，让裁判者负责，只有这样才能真正实现司法独立，树立司法权威。同时，规范审判委员会行使职能的机制和程序，解决“审者不判、判者不审”难题。明确重大、疑难、复杂案件应由审判委员会委员组成合议庭审理或旁听庭审后提交审判委员会讨论决定，真正落实审判的亲历性原则。第三，落实审级独立制度。审级独立是独立审判的重要内容之一。我国实行两审终审制，一审重在定分止争，二审重点解决事实认定和法律适用争议，纠正一审裁判中可能存在的错误。各级法院审判案件，不仅不受任何行政机关、社会团体或个人的干涉，而且也不受上级法院的非法定程序的干涉。换言之，上级法院不经法定程序，不得过问、干预下级法院正在审理的案件或者已经生效的案件。

3. 健全审判权监督管理机制

健全审判权力的监督管理机制①，是让法官在法律规定的范围内规范行使职权，同时，统一法律适用，避免同案不同判②的情况出现，确保法官在合法的前提下进行自由裁量。保障法官独立审判与监督制约法官滥用审判权是相辅相成的关系，独立审判是职业监督存在的前提，职业监督是独立审判实现的保障。

司法责任制后，院长、庭长的审判监督管理应该怎样转型？对此，时任最高人民法院副院长李少平大法官明确指出，“去行政化”不是“去管理监督”，但强化监督管理，并不是要再绕回案件请示审批的老路上去，而是要以变应变、以新应新，适应新型审判权力运行机制的要求，创新监

---

① 经过长期探索和实践，各级人民法院已建立起一系列审判监督管理机制、廉政风险预防监督机制、审判质效评估机制、案件质量评查机制、司法绩效考核机制等，进一步加强了对审判权的内部监督制约。

② 值得注意的是，类案强制检索报告机制已在最高人民法院和部分高级人民法院探索实行，承办法官或法官助理可以依托办案平台、档案系统、中国裁判文书网、法信等系统，对相关类案进行检索，了解相关裁判尺度，有效提高法律适用的统一性。

督管理方式。一是从微观管理向宏观管理转变。改变“人盯人、人盯案”的传统方式，转向全院、全员、全过程的审判监督管理，从审批个案实体性裁决事项转变为对程序性事项的依法审核、对审判工作的综合指导、对裁判标准的督促统一、对审判质效的全程监管、对案外干扰的有效排除。二是从结果干预向程序约束转变。传统的案件审批监管，直接作用于法官裁判权本身。改革之后，院长、庭长不能直接改变审判组织决定，不能替代和影响独任法官、合议庭依法裁判，只是依程序行使与其职务对应的监督权限。三是从内部运行向公开留痕转变。改革后，院长、庭长对案件的法律适用问题发表意见，必须依托专业法官会议、审判委员会等平台提出，监督管理活动全程留痕、有据可查，对来自内外部的不当干预过问形成有效威慑。①

除健全法院内部的审判权监督管理机制外，还应建立由人大监督、政协民主监督、检察机关法律监督、舆论监督、社会监督以及当事人、辩护人、诉讼代理人直接监督等组成的多方位监督体系。应当说，除了人大监督和法律监督具有较为明确的程序规定外，其他监督的程序、标准、形式、内容、责任等都缺乏具体的规定，因此，法院外部的监督亟待制度化、规范化。此外，全国四级监察委员会成立后，也将实现对人民法院所有行使公权力的人员监督全覆盖，进一步完善了外部监督体系。当然，全方位的监督必须是合法的监督，并非对个案的干预和指导。

（五）法官职业安全保障机制

法官的职业安全包含法官的执业安全、人身安全、心理安全和家庭安全，是法官职业所特有的保障。众所周知，我国绝大部分的案件由基层法

① 李少平：《正确处理放权与监督　坚定不移全面落实司法责任制》，载《人民法院报》2018 年 3 月 28 日，第 5 版。

院审理，法官职业除了高难度、高强度、高压力①之外，又增加了一个高风险的特点。

以北京市通州区人民法院为例②，该院自2012年至2016年，人均结案数连续5年蝉联北京市第一。截至2016年12月25日，通州法院法官年人均结案408.51件，较全市法院平均值［144.7件/（人·年）］高出182.32%，效率指数和综合指数分别排名全市第一、第二。在全市法院民庭法官个人结案量中，排名前三的法官均来自通州法院，年结案数量分别是2921件、2675件和2042件，这甚至赶上了全国一些基层法院全年的结案量。

2021年12月，最高人民法院法官撰文③指出，据统计，在“北上广”、长三角地区、珠三角地区许多法院，法官年人均办案数量普遍超过400件，个别地区已超500件。即使考虑案件繁简有别，这个平均值也远远超过正常的办案饱和度。在中西部地区，重庆、成都、贵阳、西安等地法院办案数量也呈“井喷”曲线，中心城区法院人均办案均超过300件，贵阳市花溪区法院法官人均结案甚至高达1201件。部分边疆、山区、少数民族地区，虽然案件不多，但维稳综治、基层治理、普法服务等任务较重，法官要么长期驻村驻点，要么巡回长途跋涉，“事多人少”矛盾非常突出。

巨大的工作压力使得法官身心状况和家庭生活受到严重影响，一些法官身患重病，仍坚持在一线审案，一些女法官因常年工作压力大，无法当

① 法官职业的高难度是由案件的疑难复杂程度决定的。法官始终处在解决社会矛盾和重大纷争难题的风口浪尖上；法官职业的高强度是案多人少的必然结果；法官职业的高压力来自多个方面，其中很重要的一点就是职业责任，怕出差错、怕办错案，另外就是一些当事人为了达到个人目的，甚至采取诬告等方式干扰办案。

② 参见《通州法院今年收案涨七成　法官人均结案数5年蝉联全市第一》，载北晚新视觉网2016年12月28日，http：//www.takefoto.cn/viewnews－1020468.html。

③ 以下数据及实践情况，参见何帆：《2021年修正民事诉讼法评述（附新旧条文对照）》，载微信公众号“法影斑斓”2021年12月24日，https：//mp.weixin.qq.com/S/OjykHPM-mvSnHYYPQK－QHig。

上妈妈，甚至有个别因压力大而自杀，现状令人担忧。另外，法院和法官们处在社会矛盾的最前线，在法院受理案件数量日益增多的情况下，侵害法官人身安全、阻碍法官履行职务的事件也呈上升趋势。实践中，除了法官可能成为当事人腐蚀围猎的对象外，常会有当事人及其近亲属因对案件裁判结果不满而指责、谩骂、殴打法官，甚至还出现当事人故意伤害和杀害法官的事件，个别缠访、闹访者会针对法官家庭成员采取极端手段。北京市昌平区法院回龙观法庭马彩云法官遇害事件就是惨痛的教训。因此，加强法官职业安全保障机制迫在眉睫。

1. 建立法官人身安全保护机制①

如何以各级法院有限的安全资源，为法官人身安全提供无限的时间、空间保护？根据2017年2月最高人民法院印发的《人民法院落实〈保护司法人员依法履行法定职责规定〉的实施办法》，有法官提出，应基于预防为主理念，依托审务云数据平台，创新三项措施：设计人身安全风险评估表，准确找到威胁，做到有的放矢；引用人身安全保护令制度，实现全面制度保障，达到威慑处罚；开发人身安全数据分析系统，研究风险数据，实现未雨绸缪。具体而言：

（1）人身安全风险评估。第一，制定发放人身安全风险评估表。提醒承办法官在立案、审判、执行、申诉等阶段全程评估、判断案件存在的风险，及时发现当事人的负面情绪，注意事先预防，主动做好预案，减少伤害风险。第二，评估风险与等级。根据伤害事件的表现形式、危害程度，可分为三个等级：轻微——侮辱诽谤、诬告陷害，能够立即作出处置，不需要启动应急处置预案；严重——聚众扰乱、寻衅滋事、妨害公务，需要法院快速组织人员，赶往现场制止、处理或处罚，并及时调查取证、固定证据；重大——故意伤害、故意杀害，需要立即采取应急处置措施。第

① 参见陈正其、刘沐浩、楼晓瑛：《法官人身安全保护三项措施》，载《人民司法》2017年第19期。

三，处置程序。对于轻微等级风险，如果确定存在人身安全风险的，应将表格抄送本部门及法警部门，并会同商讨，做好预防措施；对于严重等级风险，事发部门应当与法警部门对有关情况进行调查、核实，找加害人了解情况，经过总结分析，作出简单的处置预案，再向共同的上级汇报，采取相应防范措施。发生伤害时，由相关部门赶到现场联合处置；对于重大等级风险，在严重等级的处理基础上，再形成一份详细的书面报告，并与公安机关等相关部门联系沟通，做好应急联动准备。第四，建立应急处置指挥组织。在接到法官关于人身安全威胁的报案时，立即启动应急机制，制定事件处置预案，并随着案情变化及时变更风险等级，做到快速、有效平息伤害事件。

（2）人身安全保护令。2017 年中共中央办公厅、国务院办公厅印发的《保护司法人员依法履行法定职责规定》第 18 条明确，应当对法官及其近亲属采取出庭保护、禁止特定人员接触以及其他必要的保护措施。为了更好地保护法官，免受加害人的进一步伤害，禁止接触无疑是一种有效的预防手段。人身安全保护令等于在申请人周边设定了一个无形的保护区，加害人一旦进入禁止距离内，即使未施暴，也可因违反保护令而处罚。2019 年修订的《法官法》第 55 条规定，法官的职业尊严和人身安全受法律保护。任何单位和个人不得对法官及其近亲属打击报复。对法官及其近亲属实施报复陷害、侮辱诽谤、暴力侵害、威胁恐吓、滋事骚扰等违法犯罪行为的，应当依法从严惩治。该法第 57 条规定，法官因依法履行职责，本人及其近亲属人身安全面临危险的，人民法院、公安机关应当对法官及其近亲属采取人身保护、禁止特定人员接触等必要保护措施。

（3）人身安全数据分析系统。借力审判系统大数据服务体系，通过广泛采集伤害信息，科学分析海量数据，找出伤害特征，做好事先预防。建议在法院审判信息系统内，增设法官人身安全数据库，详细记录每一起伤害事件信息，有效反映出伤害事件的种类、程度和频率，以便提供警示信息，并根据当事人以往的经历和行为表现，分析、评估、识别潜在的加害人。有伤害记录的当事人或相关人员，在立案时，只要立案人员输入当事人名字，案件信息系统便可根据数据库中的名字自动匹配，标出相应危险记号，提醒法官慎重对待，并可查看这个当事人以往的行为记录。系统还可根据伤害次数，归纳分析出哪些法官比较容易遭受伤害，法警部门可着重注意，巡查中予以重点关注。法院应在司法人员住所安装监控、报警装置，给司法人员配备必要的防卫装置，安排班车接送司法人员上下班等。同时，法院还应建立实施法官人身安全保险制度，为每一位在职法官购买充足的职业安全保险，切实保障其职业安全。

2. 完善扰乱司法秩序的追诉机制

当前，针对司法人员的暴力、侮辱、诽谤事件频频发生，其不仅伤害了法官本人，更伤害了整个司法工作人员群体的情感，损害了法律的权威与公信力，损害了我国正在努力推进的法治建设。因此，维护法官威仪、树立司法威信，完善扰乱司法秩序的追诉机制，对妨害司法有效公正实施、扰乱法庭秩序、侵害法官人身权益的行为依法进行惩戒。

我国《刑法》规定的扰乱法庭秩序罪对于庭审之外妨碍司法秩序的行为，如庭前故意在互联网散布不当言论，庭外纠集人员干扰正常的审判活动，庭后逃避案件判决执行导致判决书难以生效等行为，没有详细的规定。另外，虽然《刑事诉讼法》和《民事诉讼法》均有对违反法庭秩序以及妨害民事诉讼的处罚，但实践运用不多。针对上述问题，我国可借鉴国外做法，将“藐视法庭罪”引入《刑法》，包括冲撞法庭、妨碍法庭庭审以及庭审前后藐视法庭等行为。具体而言，在时间上贯穿庭审及庭审前后藐视法庭和法官、扰乱法庭秩序的行为；在空间上包括但不限于法庭内和法庭外，还可以引申为法官的办公地点、法官执行职务的地点以及互联网；在行为方式上，有暴力、侮辱、威胁行为以及通过媒体进行不当的报道、炒作、评论以及未经允许在庭审过程中录音、录像等行为；在处罚程度上，定罪量刑方面应适当加重处罚。同时，完善法官控告机制，明确规定法官控告的对象范围、提起的条件、处理期限以及救济权利等，依法处理侵犯法官名誉权的违法犯罪行为。

同时，为加强法官职业安全保障机制建设，还须关注我国司法警察力量不足以及执法权限问题。第一，除了刑事案件审判外，其他案件审判，几乎都无法配备法警参与保障。庭审录音录像系统启用后，连书记员都无须在庭上记录，一旦发生伤害事件，法官一人孤立无援。另外，法院将法警分散在各个部门，短时间内无法快速集结，甚至要向公安机关求援才能平息突发事件。第二，长期以来，我国司法系统内的司法警察长期处于一种“非法武装”的尴尬地位。尽管最高人民法院审判委员会通过了《人民法院司法警察条例》，但其并非全国人大常委会通过的法律。根据上述条例，司法警察的职责是在法院内维护审判秩序、进行安全检查、押解看管罪犯、执行死刑、进行应急处置等。对于在法院周边发生的行为，如侮辱、辱骂法官，司法警察则无能为力，因为法院周边属于公安机关的权限范围。当某些法官需要司法警察保护时，如受到跟踪、骚扰，甚至其家庭成员受到人身威胁时，司法警察却没有相应的执法权限。建议司法机关与公安部门加强沟通联系，通过协调配合解决司法警察的执法权限难题。

3. 科学核定法官年均审结案件饱和度

当前法院“案多人少”矛盾日益尖锐，法官始终处在疲于应付案件的状况，超负荷的工作压力，严重制约着法官职业化进程。建议可以通过综合分析法官一年的工作时间、所办案件类型、案件数量、案件难易程度，以及法官的学习培训时间、法官其他事务性工作等因素，科学界定法官每年审判案件数量的合理区间值。当法官的实际办案数超过最大值时，可确定为超负荷工作，应及时分解其工作量，使每一名法官都能在最佳状态下审判案件。在当前员额制改革的大背景下，可以通过招录、购买社会服务等方式增加司法辅助人员，以应对司法办案中的大量一般性工作。当然，增加司法辅助人员的比例和数量，可根据所需分解的工作量确定。从长远的角度考量，应根据基层法院辖区经济发展、社会治安、人口数量、往年案件数量等确定员额法官的数量，必要时省高级人民法院应统筹将自己与中级人民法院的员额法官职数向基层人民法院倾斜配置，以使员额法官人数与案件数比例处于一个合理的区间。

（六）法官职业群体薪酬保障机制

1. 英国英格兰和威尔士地区法官薪酬制度①

英国法官高薪制有着悠久的历史，自17世纪英王克扣法官工资导致许多法官因囊中羞涩而收受贿赂后，1701年《王位继承法》和1760年《法官委任及薪金法》都规定："法官在任期间，薪酬不得削减。"在当代英国，确定法官薪酬标准的机构是"高阶文官薪酬审查会"。在提供法官薪酬的相关建议时，高阶文官薪酬审查会通常会考虑以下因素：招录、保留、激励有足够能力之人履行不同职责的需要；不同地区劳动力市场的差异以及其影响；推动改善公共服务的政府政策；提供给各个部门的经费额度；政府的通胀目标。

根据不同的头衔，英格兰和威尔士地区的法官分为7个薪酬级别享受不同的薪酬待遇，每个级别下因具体职位的不同又略有差别。整体而言，英国法官的薪酬水平要远远高于政府其他部门的同级别甚至更高级别的工作人员。以英国政府行政和立法分支最高级别官员为例，英国首相卡梅伦2012—2013年度总计薪酬为142,500英镑，同期内阁其他成员的年度薪酬为134,565英镑；领薪的特别委员会主席2014—2015年度的薪酬为81,936英镑，议会议员的同期年度薪酬预计为74,000英镑。而2013—2014年度，英格兰和威尔士首席法官的薪酬为242,243英镑，比首相高70%，比内阁

① 参见郑曦：《司法责任制背景下英国法官薪酬和惩戒制度及其启示》，载《法律适用》2016年第7期。

其他成员高 80%，即便是主事官、最高法院院长这些薪酬低一级别的法官，薪酬也达到 216, 307 英镑，比首相高 52%，比内阁其他成员高 61%；首相和内阁其他成员的薪酬水平基本与薪酬级别第 5 级的中央刑事法院巡回法官、伦敦郡主审法官等持平；而除了最低薪酬标准的领薪治安法官，所有法官的薪酬均远远高于领薪的特别委员会主席和议会议员，更不用说其他较低薪酬级别的公务员了。

2. 启示

在英国，鉴于法官工作的专业性，法官薪酬远远高于公务员的合理性已得到社会各界的普遍认同，并且是由法律明确规定给予法官优厚的薪酬待遇。美国《宪法》第 3 条也作出同样规定，法官在任职期间薪资不得降低。从上述对英国英格兰和威尔士地区法官薪酬制度的介绍看，英国中等略偏上级别的法官，其薪酬水平即基本与首相和内阁成员持平。在法国，法官分为三等共 30 个等级，其中，特等法官占 10%，一等法官占 60%，二等法官占 30%。而法官的级别主要是以年限为依据，自然提升，级别与工资、薪酬挂钩，每一级法官的工资相差 100 到 200 欧元。二等法官年薪大约是 3 万到 6 万欧元，一等法官约 6 万到 9 万欧元，特等法官大概在 9 万到 12 万欧元。跟普通公务员相比较，法官的工资要高 50% 左右。① 正如美国开国元勋汉密尔顿所言："最有助于维护法官独立者，除使法官职务固定外，莫过于使其薪俸固定。就人类天性之一般情况而言，对某人的生活有控制权，等于对其意志有控制权。在任何置司法人员的财源于立法机关的不时施舍之下的制度中，司法权与立法权的分立将永远无从实现"。②

---

① 李璐君：《司法职业保障改革在路上——司法职业保障研讨会述评》，载《法制与社会发展》2017 年第 1 期。

② ［美］汉密尔顿、杰伊、麦迪逊：《联邦党人文集》，程逢如等译，商务印书馆 1980 年版，第 396 页。

（1）探索实行法官高薪制

为实现司法公正，杜绝司法腐败，保障法官这一群体具有维持体面的生活水平和生活方式所必需的基本物质条件，这对提高法官的尊严和责任感，培养法官的独立精神，使其能排除各种干扰张扬自己的良心，独立进行审判，具有非常重要的意义。在我国，法官的职业待遇是一个敏感而又非常富有主观色彩的话题。根据 2014 年 2011 计划司法文明协同中心在全国九个省市调研的结果，法律职业人员（包括法官、检察官及警察）认为与本地区同级党政机关待遇（包括工资、奖金和其他福利）相比，其所在单位的待遇较低（包括很低或偏低）的比例接近 7 成（69.2%）。[①]

虽说高薪不一定能养廉，但低薪一定不能养廉。法官职业在社会公众中有地位，其具体表现之一就是有足够吸引力，使社会上的优秀人才愿意从事法官工作。法官职业收入缺乏保障、物质待遇偏低，一方面难以提升法官职业的神圣感和自豪感，另一方面也在一定程度上削弱了法官面对各种利益诱惑的自律能力。在美国纽约州，“十二年来，法官的工资由于一些无关紧要的原因而被打折，法官的司法能力遭到公开的侮辱，他们的社会地位也在下降。最终，法官被迫起诉州政府，只为实现宪法规定的其独立的、与政府机关平等的地位。在公开的证词、信函以及报告中，司法部向委员会明确表示，为了公正的薪酬而进行的长期斗争不仅仅是为了钱，

---

① 参见吴洪淇：《法律人的职业化及其实现状况——以九省市实证调查数据为基础》，载《证据科学》2015 年第 1 期；张保生、张中、吴洪淇等：《中国司法文明指数报告（2014）》，中国政法大学出版社 2015 年版。本次调查主要采用问卷调查方法，在全国选择九个省市发放问卷，这九个省市分别是北京、上海、广东、海南、福建、湖北、吉林、四川、青海。每个地区选择 80 名法官、80 名检察官、80 名警察、80 名律师来发放调查问卷，最后回收法官问卷 702 份、检察官问卷 791 份、警察问卷 735 份、律师问卷 703 份，共计 2931 份有效问卷。在地区和受访样本的选择上，首先是兼顾全国不同区域的情况，这些地区分布于华北、华东、华南、西北、东北、西南、中部等不同地区。其次是这 9 个省份中有 6 个省份属于中央司法体制改革领导小组确定的 2014 年司法改革试点省份。再次是在受访法官、检察官、警察、律师的选取上，尽量兼顾不同的地区、层级、部门、年限、性别等。

更是为了获得与其司法价值相一致的地位以及纽约州公民的尊重”①。

我国已然考虑到法官职业的特殊性，认为应当对法官工资待遇予以特殊考虑和特别照顾。2015 年 9 月，中央全面深化改革领导小组审议通过《法官、检察官单独职务序列改革试点方案》《法官、检察官工资制度改革试点方案》，将法官与普通公务员区分对待、管理，并建立了法官单独工资序列，相应提高法官的工资标准。2019 年修订的《法官法》明确了法官的经济保障制度。一是明确法官与公务员相区别的工资制度，按照法官等级确定工资待遇，同时建立与公务员工资同步调整机制（《法官法》第 58 条），确保法官工资不低于同级别公务员工资。二是明确定期增资机制，经年度考核确定为优秀、称职的法官，可以按照规定晋升工资档次（《法官法》第 59 条），确保法官按照等级、年资晋升法官等级和工资级别。三是根据法官职业特征增加法官伤亡的抚恤制度，即法官履职期间因公受伤致残，或因公牺牲、死亡或者病故的，其亲属享受国家规定的抚恤和优待（《法官法》第 61 条）。

此外，在法院系统人财物省级统管改革的大背景下，可以考虑在中央和省级层面成立司法薪酬专门（特别）委员会，负责制定法官合理的报酬制度，由其定期检查、评估并提出给予各级法院法官和工作人员工资以及福利待遇的合理建议。委员会在提出上述建议时，至少要考虑以下因素：法院辖区经济社会发展状况，人口数量（含暂住人口），案件数量，案件类型；法院审级职能，法官工作量，审判辅助人员配置，办案保障条件；通货膨胀率，公共部门支出的变化，政府、学术机构、私人机构以及非营利性组织人员的工资水平、福利待遇情况，各省在提高工资水平以及福利待遇方面的财政能力等。

---

① 杨奕：《美国纽约州法官薪酬特别委员会报告》，载《法制资讯》2014 年第 5 期。

（2）探索建立法官职业保障金制度

所谓法官职业保证金制度，就是从法官本人的福利金或政府财政中共同支出的一笔用于激励法官一生廉洁从政的奖励资金，一般要到法官退休时才能一次性付发。也就是说，法官在任职期间做到公正清廉，在退休后就可以拿到一笔可观的职业保证金。这是效仿新加坡和我国香港特别行政区的类似做法，被称为是用经济学手段治理腐败的一种尝试。此举有利于提升法官对职业生涯预期利益的合理期待。同时，建立完善法官廉政档案，严格依法记录廉政行为。

（七）法官职业尊荣保障机制

法官的职业尊荣保障，是指通过保障法官的任职、任期等职业权利，以确保法官免受外部干涉而依法行使职权。

1. 进一步完善法官的身份保障制度

对法官的身份保障是独立审判制度得以确立的关键。法官一经法定程序予以任命，即获得身份保障，非因法定事由、非经法定程序，不被调离、免职、降职、辞退或者处分。2019 年修订的《法官法》第 53 条明确“除下列情形外，不得将法官调离审判岗位：（一）按规定需要任职回避的；（二）按规定实行任职交流的；（三）因机构调整、撤销、合并或者缩减编制员额需要调整工作的；（四）因违纪违法不适合在审判岗位工作的；（五）法律规定的其他情形。”当然，法官对调离、免职、降职、辞退或者处分等事由享有申辩权。此外，2019 年修订的《法官法》第 48 条规定在最高人民法院和省、自治区、直辖市设立法官惩戒委员会，负责从专业角度审查认定法官是否存在故意违反法律法规办理案件或者因重大过失导致裁判结果错误并造成严重后果的违反审判职责的行为，提出构成故意违反职责、存在重大过失、存在一般过失或者没有违反职责等审查意见。法官惩戒委员会提出审查意见后，人民法院依照有关规定作出是否予以惩戒的决定，并给予相应处理。第 49 条赋予当事法官申请回避，进行陈述、举证、辩解的权利。第 50 条赋予法官提出异议的权利。为加强法官的身份保障，建议进一步明确法官惩戒委员会对法官做出惩戒后，法官除了可以提出异议外，还应有权向法官惩戒委员会申请复核及向上一级法院的法官惩戒委员会申诉。

2. 建立完善法官依法履职保护机制

2019 年修订的《法官法》首次通过法律形式明确法院应当设立法官权益保障委员会，明确其职责是“维护法官合法权益，保障法官依法履行职责”，使得法官权益保障有了明确的负责机构。2019 年修订的《法官法》第 54 条明确规定：“任何单位或者个人不得要求法官从事超出法定职责范围的事务。对任何干涉法官办理案件的行为，法官有权拒绝并予以全面如实记录和报告；有违纪违法情形的，由有关机关根据情节轻重追究有关责任人员、行为人的责任。”这是我国首次以立法形式固定法官履行法定职责保障机制，对于法官真正独立行使审判权，明确法官的职责界限，减少乃至最终彻底剥离法官法定职责以外的其他事务具有重要意义。

3. 进一步完善法官退休养老制度

一是建议建立法官弹性退休制。法官从事的是一个专业性强和实践性高的职业，日积月累，不但储备了大量的法律知识，还有长期的经验积累以及阅历积累。纵观世界各国的相关实践，荷兰、丹麦、巴西、阿根廷、澳大利亚的法官退休年龄为 70 岁；新加坡法官的长任制可以服务到 65 岁；英国、法国的法官是终身制，法国最高法院法官为终身制、地方法院法官 72 岁以后才可以退休；俄罗斯宪法法院法官退休年龄为 70 岁，其他法官为 65 岁。[①] 鉴于我国大多数地区存在的“案多人少”现实，以及法官队伍整体质素尚不具备完全推行法官终身制的前提，建议法官退休年龄原则上

---

① 参见宁杰、程刚：《法官职业保障之探析——以〈法官法〉中法官权利落实为视角》，载《法律适用》2014 年第 6 期。

应高于普通公务员的退休年龄，同时赋予法官选择权，对于长期在审判一线办案的法官，经本人申请，可适当延长退休年龄等；二是鼓励退休法官从事法官培训、法院的审判顾问、人民陪审员等工作，并给予相应的报酬；三是考虑到法官的职业特点，弥补法官及其家人为保障司法公正在工作就业、生活方式等方面所受到的限制，建议在法律中明确法官任职达到一定年限后，退休后工资待遇不得降低。①

四、民事审判责任认定与追究

在现代汉语中，“责任”一词有三个相互联系的基本语义：一是分内应做的事，如岗位责任、尽职尽责。这种责任实际上是一种角色义务。每个人在社会中都扮演一定角色，即有一定岗位或职务，相应地，也就必须且应当承担与其角色相适应的义务。二是特定的人对特定事项的发生、发展、变化及其结果负有积极的助长义务，如担保责任、举证责任。三是因没有做好分内之事（没有履行角色义务）或没有履行助长义务而应承担的不利后果或强制性义务，如违约责任、侵权责任、赔付责任等。借用西方学者的分类方法，把前两种责任称为“积极责任”（positive responsibility），把后一种责任称为“消极责任”（negative resposibility or liability）。

依据“责任”一词的上述基本语义，“法官审判责任”的含义包括：法官应当尽职尽责地做好审判工作，也就是履行好法官作为审判员的职责；法官要对案件事实认定和法律正确适用负责；法官要对案件全体当事人负责，对司法公正和社会公正负责；法官要有职业良知，要坚守法治信仰，要敢于排除非法证据，敢于抵制对案件审理的各种干扰，要不断提高自己的司法能力，没有能力就谈不上负责；最后才是法官要对办案质量终身负责，对错案负有终身责任。如果把司法责任制简单地归结为错案追

① 参见胡昌明：《健全法官职业保障制度的价值与路径——以新修订的〈法官法〉为视角》，载《法律适用》2019 年第 9 期。

究，就失去了司法责任制改革广泛而深刻的意义。当然，即使是错案责任也是“有限责任”，即在职权范围内对案件质量终身负责。

按照司法运行的规律来看，法官要对过去已经发生的未知事实作出判断，由于证据的缺失或者由于证据在取得手段等方面的合法性缺陷而导致证据不能采信，在无法查明事实的情况下法官仍须裁判。在此情况下如果让法官承担错案责任，那就迫使法官不得不通过拒绝立案、变相强制调解、加重当事人举证责任、提交审判委员会讨论以分担裁判风险，乃至阻挠再审救济等多种违反独立裁判和公正司法的方式去逃避责任和追究，最终为此埋单的还是当事人和社会公众。再加上，在司法体系内部，每一项司法结果都是由多项要素在多重制度中运行而形成的，既包括立法的欠缺、模糊或冲突等导致的法律适用困难，也包括法官选任、职业保障、职业培训、职业管理等制度缺陷导致的法官能力不足，还包括审判程序制度、证据制度、审判管理及案件分流系统等存在的弊端而导致的问题。种种制度缺陷直接或间接导致的超越现有法官个人普遍智识、能力或正常可控范围所致的司法错误，国家在向当事人提供救济或承担责任之后，不能向法官个人追究责任。只有当法官个人有故意违反法律和司法职业伦理的行为，或者有重大过失导致严重后果的行为时，国家才能追究法官个人的责任。[①] 因此，建立更加科学而又符合中国实际的司法责任体系，必须综合考量法官群体的职业化水平、社会公众对司法的认知程度、现行法律制度提供的裁量空间等诸多因素。具体而言，构建符合权责一致性规律的法官责任追究制度应当注重以下三个方面：

（一）坚守法官依法履职豁免原则

法官责任追究应当坚持司法化方向，逐步实现从依循行政逻辑向遵循

---

① 参见张文显：《论司法责任制》，载《中州学刊》2017 年第 1 期。

司法逻辑的方向转变。法官责任追究与责任豁免是法官责任的“一体两面”，责任豁免是法官依法履职免责理论的制度体现。

“保障法官职务行为的司法豁免权，就是保护有良知和正直的法官不受错误追究，确保法官在依法履行审判职能过程中，对自己所发表的言论和实施的行为享有不受指控或法律追究的权利，非因徇私舞弊、贪赃枉法等违法行为所致裁判错误而给当事人造成损失的，自不应承担任何形式的法律责任。”① 但法官存在故意违法审判行为，或者因重大过失造成错案并产生严重后果的情形除外。我们知道，法官在庭审过程中，只能通过各方当事人提交的证据以及证据所反映的事实了解案件真相，并在此基础上作出判决。当法官由于客观原因造成案件审理错误时，不应受到责任追究，否则会在无形中加大法官的工作压力，影响法官的判断力，导致其履行审判职责时顾虑重重，不敢承担责任。联合国《关于司法独立的基本原则》第 16 条规定：“在不损害任何纪律惩戒程序或者根据国家法律上诉或要求国家补偿的权利情况下，法官个人应免于其在履行司法职责时的不当行为或不作为而受到要求赔偿金钱损失的民事诉讼。”

在我国，目前司法实践对法官的民事责任采取绝对豁免原则，但对刑事责任不予以豁免。具体而言，诉讼当事人或其他诉讼参与人因法官的审判行为导致合法利益受损的，不能以法官为被告提起诉讼，必须以法院作为赔偿机关申请国家赔偿。法官存在违规违法审判行为但不构成犯罪的，人民法院应当根据干部管理权限作出给予停职、延期晋升、调离审判执行岗位、退出员额、免职、责令辞职等组织处理，或者按照《公务员法》《公职人员政务处分法》《法官法》《人民法院工作人员处分条例》等法律规定给予处分；构成犯罪的，依法追究刑事责任。

2015 年《最高人民法院关于完善人民法院司法责任制的若干意见》第

① ［英］丹宁：《法律的正当程序》，李克强等译，群众出版社 1984 年版，第 36 页。

26 条就法官审判追责[①]作出规定，2019 年修订的《法官法》第 46 条也对法官不得从事的行为作出规定。[②] 研究分析上述两个条文的具体内容可知，至少在下列两种情形下，法官的审判责任不应被豁免：第一，故意违法审判行为，即法官在审判活动中违法行使司法权力的行为应当受到审判责任追究。换言之，法官故意违背法定程序、证据规则和法律明确规定违法审判的，包括隐瞒、伪造、变造、故意损毁证据、案件材料的；向合议庭、审判委员会汇报案情时隐瞒主要证据、重要情节和故意提供虚假材料的；制作诉讼文书时，故意违背合议庭评议结果、审判委员会决定的；故意违反法律法规办理案件的。第二，因重大过失导致裁判结果错误并造成严重后果的行为，应当受到审判责任追究。即法官违反了普遍谨慎义务行使司法权力的行为导致裁判结果错误并造成严重后果。换言之，一个普通人面对特定问题时的谨慎态度都超越了该法官，即使该法官不存在故意枉法裁判情形，但其裁判在客观上确实错误且造成了严重后果的，该法官应当承担审判责任。包括因重大过失丢失、损毁证据材料并造成严重后果的；因重大过失遗漏主要证据、重要情节导致裁判错误并造成严重后果的；因重大过失导致裁判文书主文错误并造成严重后果的。

---

① 包括审理案件时有贪污受贿、徇私舞弊、枉法裁判行为的；违反规定私自办案或者制造虚假案件的；涂改、隐匿、伪造、偷换和故意损毁证据材料的，或者因重大过失丢失、损毁证据材料并造成严重后果的；向合议庭、审判委员会汇报案情时隐瞒主要证据、重要情节和故意提供虚假材料的，或者因重大过失遗漏主要证据、重要情节导致裁判错误并造成严重后果的；制作诉讼文书时，故意违背合议庭评议结果、审判委员会决定的，或者因重大过失导致裁判文书主文错误并造成严重后果的；违反法律规定，对不符合减刑、假释条件的罪犯裁定减刑、假释的，或者因重大过失对不符合减刑、假释条件的罪犯裁定减刑、假释并造成严重后果的；其他故意违背法定程序、证据规则和法律明确规定违法审判的，或者因重大过失导致裁判结果错误并造成严重后果的。

② 包括审理案件时有贪污受贿、徇私舞弊、枉法裁判的；隐瞒、伪造、变造、故意损毁证据、案件材料的；泄露国家秘密、审判工作秘密、商业秘密或者个人隐私的；故意违反法律法规办理案件的；因重大过失导致裁判结果错误并造成严重后果的；拖延办案，贻误工作的；利用职权为自己或者他人谋取私利的；接受当事人及其代理人利益输送，或者违反有关规定会见当事人及其代理人的；违反有关规定从事或者参与营利性活动，在企业或者其他营利性组织中兼任职务的；有其他违纪违法行为的。

此外，如果法官在审理案件时有违反职业道德准则、纪律规定等其他违纪违法行为的，应当依照《公务员法》《人民法院工作人员处分条例》等法律法规进行处理，此处追究的不是司法责任制中的审判责任。具体情形包括：审理案件时有贪污受贿、徇私舞弊、枉法裁判的；违反规定私自办案或者制造虚假案件的；泄露国家秘密、审判工作秘密、商业秘密或者个人隐私的；拖延办案，贻误工作的；利用职权为自己或者他人谋取私利的；接受当事人及其代理人利益输送，或者违反有关规定会见当事人及其代理人的；违反有关规定从事或者参与营利性活动，在企业或者其他营利性组织中兼任职务的。2024 年 2 月 23 日，最高人民法院举行新闻发布会，介绍人民法院落实防止干预司法“三个规定”情况，发布全国法院涉“三个规定”典型案例。如河北省某基层法院周某某接受当事人请客送礼、违规干预过问案件案例[①]：周某某利用职务便利，接受他人请托，在立案、审判等环节为他人谋取利益或提供帮助，收受他人钱款 93 万元。2018 年，周某某在办理两起民事案件过程中，收受案件当事人礼品共计价值 6700 元。2020 年 5 月至 8 月，周某某在办理一起民间借贷纠纷案件过程中，收受当事人现金 2 万元，并接受当事人安排的车辆、住宿、娱乐活动。2019 年 10 月至 2021 年 8 月，周某某利用担任法院副院长的职权，干预过问某集团公司系列诉讼案件，授意相关人员违规采取保全措施，并对案件久拖不审，超审限办案，给涉案相关公司造成严重损失。周某某还存在其他违纪违法问题。2022 年 1 月，周某某受到开除党籍、开除公职处分；同年 6 月，因滥用职权罪、受贿罪、挪用公款罪被判处有期徒刑五年，并处罚金 20 万元。根据《司法机关内部人员过问案件的记录和责任追究规定》第 2 条的规定，司法机关内部人员“不得违反规定过问和干预其他人员正在办理的案件”“不得以任何方式为案件当事人说情打招呼”。根据《关于进一

---

① 参见《全国法院涉及防止干预司法“三个规定”典型案例》，载最高人民法院官网 2024 年 2 月 23 日，https：//www. court. gov. cn/zixun/xiangqing/425942. html。

步规范司法人员与当事人、律师、特殊关系人、中介组织接触交往行为的若干规定》第5条的规定，严禁司法人员“接受当事人、律师、特殊关系人、中介组织请客送礼或者其他利益”。周某某严重违反“三个规定”，为当事人请托说情、收受当事人钱款，违规办案、以案谋私，最终须承担刑事责任和党纪处分。

应当说，法官责任豁免仅限于法官的职务行为，包括审判行为和执行行为，比如法官代表审判机关对案件进行评价的职务言论、在闭庭合议时的言论以及调查取证等其他审前活动。2015年《最高人民法院关于完善人民法院司法责任制的若干意见》第27条对法官审判责任豁免作出规定，具体为“下列情形之一，导致案件按照审判监督程序提起再审后被改判的，不得作为错案进行责任追究：（一）对法律、法规、规章、司法解释具体条文的理解和认识不一致，在专业认知范围内能够予以合理说明的；（二）对案件基本事实的判断存在争议或者疑问，根据证据规则能够予以合理说明的；（三）当事人放弃或者部分放弃权利主张的；（四）因当事人过错或者客观原因致使案件事实认定发生变化的；（五）因出现新证据而改变裁判的；（六）法律修订或者政策调整的；（七）裁判所依据的其他法律文书被撤销或者变更的”。遗憾的是，2019年修订《法官法》时，未对法官责任豁免制度作出规定。建议在法律层面对法官责任豁免权进行明确规定和保障。

（二）构建法官审判责任认定规则体系

“让审理者裁判、由裁判者负责”，是司法规律的客观要求，也是深化司法体制改革的核心内容。法官在审理裁判过程中究竟会因何种事由担责？认定法官承担审判责任应具备哪些要件？法官应承担何种责任？等等。为了让裁判者合理地对其审判行为及审判结果负责，应当建构统一的审判责任认定规则体系。

1. 认定追究法官审判责任的原则

法官审判责任的追究和认定应遵循下列原则：一是坚持审判责任法定原则，即审判责任的追责事由、构成要件、认定规则等均须由立法予以明确，这是对法官职业的基本保障。二是遵循主客观相统一原则，即法官的主观过错与客观行为一般需同时满足时才能追责，法官依法行使审判权，没有违反法定审判职责，即使出现错误裁判或负面后果，亦不应追究审判责任。一般而言，法官在主观上存在故意或重大过失才可能被追责。2015年《最高人民法院关于完善人民法院司法责任制的若干意见》第25条规定，法官在审判工作中，故意违反法律法规的，或者因重大过失导致裁判错误并造成严重后果的，依法应当承担违法审判责任。三是坚持遵循司法规律原则，即审判责任的认定应尊重审判权具有的判断权属性，尊重法官的自由裁量权，维护法官依法独立判断精神，体现司法职业特点。

2. 审判责任承担主体

建立权责一致的审判责任追究制度，既是落实司法责任制“让审理者裁判、由裁判者负责”的必要举措，也是确保法官依法履行职责、防止法官被错误追责的重要保障。因此，审判责任的承担主体必然是履行审判职权的审判组织，包括独任庭（独任法官）、合议庭及审判委员会。值得一提的是，审判委员会是法院内部的最高审判组织，在实践中审判委员会虽不直接行使审判权，但其对合议庭提交讨论的重大、疑难、复杂案件具有讨论决定权，按照“谁决定、谁负责”的归责原理，需要将其纳入审判责任的主体范围。2015年《最高人民法院关于完善人民法院司法责任制的若干意见》第31条规定，审判委员会讨论案件时，合议庭对其汇报的事实负责，审判委员会委员对其本人发表的意见及最终表决负责。案件经审判委员会讨论的，构成违法审判责任追究情形时，根据审判委员会委员是否故意曲解法律发表意见的情况，合理确定委员的审判责任。审判委员会改变合议庭意见导致裁判错误的，由持多数意见的委员共同承担审判责任，合议庭不承担审判责任。审判委员会维持合议庭意见导致裁判错误的，由合议庭和持多数意见的委员共同承担审判责任。合议庭汇报案件时，故意隐瞒主要证据或者重要情节，或者故意提供虚假情况，导致审判委员会作出错误决定的，由合议庭成员承担审判责任，审判委员会委员根据具体情况承担部分责任或者不承担责任。审判委员会讨论案件违反民主集中制原则，导致审判委员会决定错误的，主持人应当承担主要责任。

此外，审判责任承担主体仅限于实行员额制后进入员额的法官，司法辅助人员不承担审判责任。审判责任仅适用于对法官涉嫌违反审判职责的行为，法官有违反职业道德准则和纪律规定，接受案件当事人及相关人员的请客送礼、与律师进行不正当交往等违纪违法行为，依照公务员管理以及党员干部管理的有关规定和程序进行处理。

院长、庭长作为行政职务，肩负行政事务管理职责；作为审判职务，肩负业务指导、审判管理职责；同时担任党内领导职务的，还承担政治建设和党风廉政建设责任。司法审判遵循“谁审理、谁裁判、谁决定、谁负责”原则。涉及具体案件问责，没有参与案件审理和决策的院长、庭长不是审理者和裁判者，一般不承担审判责任。负有监督管理职责的院庭长，因故意或者重大过失，怠于行使或者不正当行使审判监督权和审判管理权导致裁判错误并造成严重后果，应当承担监督管理责任的，依照干部管理的有关规定和程序追究其监督管理责任。如果因工作失职导致本部门本单位发生重大事故、廉政风险、违法犯罪的情况，自然应当承担领导责任。如果分管部门审判瑕疵较多、审判质效下滑、司法作风不正、审判纪律松弛，也应当追究院长、庭长领导不力、敷衍塞责、管理不善等责任。

3. 审判行为规则类型化划分

追究审判责任须以法官违反法定职责为前提。有学者立足审判实际、结合现有法律规范，将审判行为规则在理论层面进行了类型化区分[①]：一是违反强制性审判规则。对于强制性审判规则，法官必须适用，不存在自由裁量的空间。包括：（1）实体方面事实认定强制性审判规则，主要为违反证据的法定种类和条件限制规定，包括采信不符合诉讼法规定的法定证据种类的材料、不满足形式要件的证据、应当予以排除的证据并作为认定事实的依据，如法院采信了与原件核对不一致的复印件、副本；（2）实体方面法律适用强制性审判规则，主要包括违反法律适用的基本规范（时间、空间、效力），以及违反一般法律冲突的解决规则，如援引已经失效的法律、上下位阶法律对同一事项的规定有所冲突时法官适用了下位法；（3）程序方面严重违反法定程序情形，如民事诉讼法对发回案件的规定；（4）程序方面违反义务性程序规则的情形，诉讼法中以“应当”“必须”“不得”作出规定，如审判中出现应当回避而未回避的情形。

二是违反指导性审判规则。指导性审判规则对法官裁判案件具有指引、提醒或告诫作用，不具有刚性约束力。包括：（1）实体方面事实认定指导性审判规则，典型有证据的证明力规则、证据审查判断规则，如原始证据的证明力一般大于传来证据、公证书证的证明力一般大于证人证言；（2）实体方面法律适用指导性审判规则，包括违反特殊法律冲突解决机制，以及违反法律解释原则；（3）程序方面指导性审判规则，是指法官违反有一定选择空间的程序规则，主要包括带有指引性质的授权性程序规则，诉讼法中以“可以”“一般”作出规定。

三是明显违反经验常识。上述强制性审判规则和指导性审判规则对审判行为的概括并不能覆盖我国审判实践的所有情形，实践中还有比指导性审判规则更为“柔性”的审判规则，如在事实认定环节法官内心的自由心

① 参见伍涛、刘雅璠、刘吉旭：《从无序到有序：审判责任认定的规则之路——以审判责任构成要件理论为基础》，载马世忠主编：《司法体制综合配套改革中重大风险防范与化解——全国法院第31届学术讨论会获奖论文集》，人民法院出版社2020年版。

证、审判程序中法官的自由裁量等，只要法官最终的裁判符合逻辑和一般常理即履行了“运用逻辑推理和日常生活经验”的审判职责。

（三）建立健全法官审判责任认定追究程序

2019 年修订的《法官法》第 11 条明确规定，法官“非因法定事由、非经法定程序”，不被处分。法官审判责任认定追究程序首先应明确法官承担审判责任的事由、责任方式等内容；其次应科学设计法官审判责任认定追究程序的各环节，包括发现错误（违法审判线索受理）、调查核实、责任认定、惩戒决定；最后还应完善法官审判责任追究的配套制度，包括责任豁免制度、司法救济制度和法官职业保障制度等。

2015 年《最高人民法院关于完善人民法院司法责任制的若干意见》第 34 条至第 38 条初步建立了法官审判责任认定追究程序。2021 年 12 月最高人民法院印发的《法官惩戒工作程序规定（试行）》，规范了法官惩戒委员会组成、违法审判线索受理、调查核实、提请审议、作出惩戒决定及当事法官申诉复核等相关工作的办理程序，为各级人民法院保护法官依法履行职责、追究违法审判责任提供了制度依据。

1. 职责分工

根据《法官惩戒工作程序规定（试行）》，人民法院按照干部管理权限对法官涉嫌违反审判职责行为进行调查核实，根据法官惩戒委员会的审查意见，依照有关规定作出是否予以惩戒的决定，并给予相应处理。

法官惩戒委员会根据人民法院调查的情况，负责从专业角度审查认定法官是否存在故意违反法律法规办理案件以及因重大过失导致裁判结果错误并造成严重后果的违反审判职责的行为，提出构成故意违反职责、存在重大过失、存在一般过失或者没有违反职责等审查意见。

2. 受理和调查

根据《法官惩戒工作程序规定（试行）》，各级人民法院机关纪委或承担督察工作的部门按照干部管理权限受理反映法官违反审判职责问题的举报、投诉，以及有关单位、部门移交的相关问题线索。人民法院在审判监督管理工作中，发现法官可能存在违反审判职责的行为，需要追究违法审判责任的，由办案部门或承担审判管理工作的部门对案件是否存在裁判错误提出初步意见，报请院长批准后移送机关纪委或者承担督察工作的部门审查。

人民法院机关纪委或承担督察工作的部门经初步核实，认为有关法官可能存在违反审判职责的行为，需要予以惩戒的，应当报请院长批准后立案，并组织调查。

人民法院在对反映法官违反审判职责问题线索进行调查核实过程中，对涉及的案件裁判是否存在错误有争议的，应当报请院长批准，由承担审判监督工作的部门进行审查或者提请审判委员会进行讨论，并提出意见。经承担审判监督工作的部门或审判委员会审查，认定当事法官办理的案件裁判错误，可能存在违反审判职责行为的，应当启动惩戒程序。

人民法院对法官涉嫌违反审判职责行为进行调查的过程中，当事法官享有知情、申请回避、陈述、举证和辩解的权利。调查人员应当如实记录当事法官的陈述、辩解和举证。

3. 调查后分情形处理

根据《法官惩戒工作程序规定（试行）》，调查结束后，经院长批准，按照下列情形分别处理：(1) 没有证据证明当事法官存在违反审判职责行为的，应当撤销案件，并通知当事法官，必要时可在一定范围内予以澄清；(2) 当事法官存在违反审判职责行为，但情节较轻无须给予惩戒处理的，由相关部门进行提醒谈话、批评教育、责令检查，或者予以诫勉；(3) 当事法官存在违反审判职责行为，需要惩戒的，人民法院调查部门应将审查报告移送本院承担督察工作的部门，由承担督察工作的部门制作提请审议意见书，报院长审批后，提请最高人民法院法官惩戒委员会或者省、自治区、直辖市法官惩戒委员会审议。[①]

4. 法官惩戒委员会审议

根据《法官惩戒工作程序规定（试行)》，法官惩戒委员会审议惩戒事项，应当有全体委员 4/5 以上出席方可召开。法官惩戒委员会审议惩戒事项时，应当组织听证。[②] 法官惩戒委员会应当在听证后进行审议，并提出审查意见。当事法官对人民法院调查认定的事实、证据和提请审议意见没有异议，明确表示不参加听证或无故缺席的，可直接进行审议，提出审查意见。法官惩戒委员会审议惩戒事项，须经全体委员 2/3 以上多数通过，对当事法官是否构成违反审判职责提出审查意见。

法官惩戒委员会的审查意见应当书面送达当事法官和相关人民法院。当事法官对审查意见有异议的，可以书面形式通过承担督察工作的部门向法官惩戒委员会提出。

5. 责任追究和救济

根据《法官惩戒工作程序规定（试行)》，法官惩戒委员会经审议，认定法官存在故意违反审判职责行为，或者存在重大过失导致案件错误并造成严重后果，应当予以惩戒的，由人民法院根据干部管理权限作出惩戒决定：(1) 给予停职、延期晋升、调离审判执行岗位、退出员额、免职、责

---

① 《法官惩戒工作程序规定（试行)》第 22 条规定，人民法院按以下程序提请法官惩戒委员会审议：(1) 最高人民法院法官违反审判职责的，由最高人民法院提请最高人民法院法官惩戒委员会审议；(2) 高级人民法院法官违反审判职责的，由高级人民法院提请省、自治区、直辖市法官惩戒委员会审议；(3) 中级人民法院、基层人民法院和专门人民法院法官违反审判职责的，层报高级人民法院提请省、自治区、直辖市法官惩戒委员会审议。上级人民法院认为下级人民法院提请审议的事项不符合相关要求的，可以要求下级人民法院补充完善，或者将提请审议的材料退回下级人民法院。

② 《法官惩戒工作程序规定（试行)》第 26 条规定，听证由法官惩戒委员会主任主持，或者由主任委托副主任或其他委员主持，按照下列程序进行：(1) 主持人宣布听证开始；(2) 询问当事法官是否申请回避，并作出决定；(3) 承担督察工作的部门派员宣读提请审议意见书；(4) 调查人员出示当事法官违反审判职责的证据，并就其违反审判职责行为和主观过错进行举证；(5) 当事法官陈述、举证、辩解；(6) 法官惩戒委员会委员可以就惩戒事项涉及的问题进行询问；(7) 调查人员和当事法官分别就事实认定、当事法官是否存在过错及过错性质发表意见；(8) 当事法官最后陈述。

令辞职等组织处理；（2）按照《公务员法》《公职人员政务处分法》《法官法》《人民法院工作人员处分条例》等法律规定给予处分。上述惩戒方式，可以单独使用，也可以同时使用。

当事法官对惩戒决定不服的，可以向作出决定的人民法院申请复核。当事法官对复核结果不服的，可以向上一级人民法院提出申诉；也可以不经复核，直接提出申诉。法官不因申请复核、提出申诉而被加重处理。

主要参考文献

一、中央及司法文件

1. 2013 年 11 月中共中央关于全面深化改革若干重大问题的决定。

2. 2014 年 10 月中共中央关于全面推进依法治国若干重大问题的决定。

3. 2021 年 1 月法治中国建设规划（2020—2025 年）。

4. 2021 年 5 月中央全面深化改革委员会关于完善四级法院审级职能定位改革的方案。

5. 2021 年 6 月中共中央关于加强新时代检察机关法律监督工作的意见。

6. 2021 年 8 月全国人民代表大会常务委员会关于授权最高人民法院组织开展四级法院审级职能定位改革试点工作的决定。

7. 2019 年 1 月中央全面深化改革委员会关于政法领域全面深化改革的实施意见。

8. 2019 年 12 月全国人民代表大会常务委员会关于授权最高人民法院在部分地区开展民事诉讼程序繁简分流改革试点工作的决定。

9. 2017 年 1 月中央办公厅、国务院办公厅保护司法人员依法履行法定职责规定。

10. 2017 年 10 月，中央办公厅关于加强法官检察官正规化专业化职业化建设，全面落实司法责任制的意见。

11. 2016 年 7 月最高人民法院、最高人民检察院、公安部、国家安全部、司法部关于推进以审判为中心的刑事诉讼制度改革的意见。

12. 2016 年 7 月中央全面深化改革领导小组关于认罪认罚从宽制度改革试点方案。

13. 2016 年 9 月全国人民代表大会常务委员会关于授权最高人民法院、最高人民检察院在部分地区开展刑事案件认罪认罚从宽制度试点工作的决定。

14. 2015 年 9 月中央全面深化改革领导小组法官、检察官单独职务序列改革试点方案。

15. 2015 年 9 月中央全面深化改革领导小组法官、检察官工资制度改革试点方案。

16. 2014 年 6 月中央全面深化改革领导小组关于司法体制改革试点若干问题的框架意见。

17. 2012 年 6 月国家人权行动计划（2012—2015 年）。

18. 2023 年 7 月最高人民法院关于加强和规范案件提级管辖和再审提审工作的指导意见。

19. 2023 年 5 月最高人民法院关于法律适用问题请示答复的规定。

20. 2022 年 11 月最高人民法院关于规范合议庭运行机制的意见。

21. 2021 年 12 月最高人民法院法官惩戒工作程序规定（试行）。

22. 2021 年 12 月最高人民法院统一法律适用工作实施办法。

23. 2021 年 10 月最高人民法院关于加强和完善法官考核工作的指导意见。

24. 2021 年 9 月最高人民法院、最高人民检察院、司法部关于进一步规范法院、检察院离任人员从事律师职业的意见。

25. 2021 年 9 月最高人民法院、最高人民检察院、司法部关于建立健全禁止法官、检察官与律师不正当接触交往制度机制的意见。

26. 2021 年 9 月最高人民法院关于完善四级法院审级职能定位改革试点的实施办法。

27. 2021 年 5 月最高人民法院关于推进行政诉讼程序繁简分流改革的意见。

28. 2021 年 1 月最高人民法院关于深入推进社会主义核心价值观融入裁判文书释法说理的指导意见。

29. 2021 年 1 月最高人民法院关于完善人民法院专业法官会议工作机制的指导意见。

30. 2020 年 10 月最高人民法院民事诉讼程序繁简分流改革试点问答口径（二）。

31. 2020 年 9 月最高人民法院关于完善统一法律适用标准工作机制的意见。

32. 2020 年 7 月最高人民法院关于深化司法责任制综合配套改革的实施意见。

33. 2020 年 7 月最高人民法院关于统一法律适用加强类案检索的指导意见（试行）。

34. 2020 年 4 月最高人民法院民事诉讼程序繁简分流改革试点问答口径（一）。

35. 2020 年 4 月最高人民法院关于人民法院贯彻落实党的十九届四中全会精神推进审判体系和审判能力现代化的意见。

36. 2020年1月最高人民法院关于进一步完善委派调解机制的指导意见。

37. 2020年1月最高人民法院民事诉讼程序繁简分流改革试点实施办法。

38. 2020年1月最高人民法院民事诉讼程序繁简分流改革试点方案。

39. 2019年9月最高人民法院关于健全完善人民法院审判委员会工作机制的意见。

40. 2019年2月最高人民法院关于深化人民法院司法体制综合配套改革的意见——人民法院第五个五年改革纲要（2019—2023）。

41. 2018年11月最高人民法院关于健全完善人民法院主审法官会议工作机制的指导意见（试行）。

42. 2018年12月最高人民法院关于进一步全面落实司法责任制的实施意见。

43. 2018年11月最高人民法院关于进一步深化司法公开的意见。

44. 2018年6月最高人民法院关于加强和规范裁判文书释法说理的指导意见。

45. 2018年5月最高人民法院关于民商事案件繁简分流和调解速裁操作规程（试行）。

46. 2018年3月，最高人民法院关于人民法院通过互联网公开审判流程信息的规定。

47. 2017年11月人民法院办理刑事案件庭前会议规程（试行）。

48. 2017年11月人民法院办理刑事案件排除非法证据规程（试行）。

49. 2017年11月人民法院办理刑事案件第一审普通程序法庭调查规程（试行）。

50. 2017年7月最高人民法院司法责任制实施意见（试行）。

51. 2017年4月最高人民法院关于落实司法责任制完善审判监督管理

机制的意见（试行）。

52. 2017 年 4 月最高人民法院关于加强各级人民法院院庭长办理案件工作的意见（试行）。

53. 2017 年 2 月最高人民法院关于全面推进以审判为中心的刑事诉讼制度改革的实施意见。

54. 2017 年 2 月人民法院落实《保护司法人员依法履行法定职责规定》的实施办法。

55. 2016 年 10 月最高人民法院、最高人民检察院关于建立法官、检察官惩戒制度的意见（试行）。

56. 2016 年 10 月最高人民法院、最高人民检察院、公安部、国家安全部、司法部关于推进以审判为中心的刑事诉讼制度改革的意见。

57. 2016 年 9 月最高人民法院关于进一步推进案件繁简分流优化司法资源配置的若干意见。

58. 2016 年 6 月最高人民法院关于人民法院进一步深化多元化纠纷解决机制改革的意见。

59. 2015 年 12 月最高人民法院关于依法切实保障律师诉讼权利的规定。

60. 2015 年 9 月最高人民法院关于完善人民法院司法责任制的若干意见。

61. 2015 年 8 月人民法院落实《领导干部干预司法活动、插手具体案件处理的记录、通报和责任追究规定》的实施办法。

62. 2015 年 8 月人民法院落实《司法机关内部人员过问案件的记录和责任追究规定》的实施办法。

63. 2015 年 5 月最高人民法院、司法部人民陪审员制度改革试点工作实施办法。

64. 2015 年 4 月最高人民法院、司法部人民陪审员制度改革试点方案。

65. 2013年11月最高人民法院关于推进司法公开三大平台建设的若干意见。

66. 2013年11月最高人民法院关于人民法院在互联网公布裁判文书的规定。

67. 2010年12月最高人民法院关于规范上下级人民法院审判业务关系的若干意见。

68. 2010年1月最高人民法院关于进一步加强合议庭职责的若干规定。

69. 2010年11月最高人民法院关于开展行政诉讼简易程序试点工作的通知。

70. 2009年3月人民法院第三个五年改革纲要（2009—2013）。

71. 2005年10月人民法院第二个五年改革纲要（2004—2008）。

72. 2002年7月最高人民法院关于加强法官队伍职业化建设的若干意见。

73. 2000年7月人民法院审判长选任办法（试行）。

74. 1999年10月人民法院五年改革纲要。

75. 1998年8月26日人民法院审判人员违法审判责任追究办法（试行）。

二、中文著作

（一）专著

1. 马世忠主编：《司法体制综合配套改革中重大风险防范与化解——全国法院第31届学术讨论会获奖论文集》，人民法院出版社2020年版。

2. 最高人民法院司法改革领导小组办公室：《新时代深化司法体制综合配套改革前沿问题研究》，人民法院出版社2019年版。

3. 包冰锋：《最新民事诉讼法条文解读与适用要点》，法律出版社2023年版。

4. 傅郁林：《民事司法制度的功能与结构》，北京大学出版社2006

年版。

5. 韩波:《法院体制改革研究》,人民法院出版社 2003 年版。

6. 白绿铉编译:《日本新民事诉讼法》,中国法制出版社 2000 年版。

7. 陈林林:《裁判的进路与方法——司法论证理论导论》,中国政法大学出版社 2007 年版。

8. 陈荣宗、林庆苗:《民事诉讼法》,台北,三民书局 1996 年版。

9. 顾培东:《社会冲突与诉讼机制》(修订版),法律出版社 2004 年版。

10. 韩红俊:《释明义务研究》,法律出版社 2008 年版。

11. 季卫东:《法律程序的意义——对中国法制建设的另一种思考》,中国法制出版社 2004 年版。

12. 刘学在:《民事诉讼辩论原则研究》,武汉大学出版社 2007 年版。

13. 聂长建:《司法判决研究》,中国社会科学出版社 2011 年版。

14. 邱联恭:《司法之现代化与程序化》,台北,三民书局 1992 年版。

15. 任凡:《听审请求权研究》,法律出版社 2011 年版。

16. 沈志先主编:《法官自由裁量精义》,法律出版社 2011 年版。

17. 宋冰编:《程序、正义与现代化——外国法学家在华演讲录》,中国政法大学出版社 1998 年版。

18. 田平安主编:《民事诉讼法学》,中国政法大学出版社 1999 年版。

19. 王亚新:《对抗与判定——日本民事诉讼的基本结构》,清华大学出版社 2002 年版。

20. 肖建国:《民事诉讼程序价值论》,中国人民大学出版社 2000 年版。

21. 杨秀清:《民事裁判过程论》,法律出版社 2011 年版。

22. 张建伟:《司法竞技主义——英美诉讼传统与中国庭审方式》,北京大学出版社 2005 年版。

23. 张力：《阐明权研究》，中国政法大学出版社 2006 年版。

24. 张卫平：《民事诉讼：关键词展开》，中国人民大学出版社 2005 年版。

25. 张卫平：《诉讼构架与程式——民事诉讼的法理分析》，清华大学出版社 2000 年版。

26. 张卫平等编：《民事诉讼法读本》，上海交通大学出版社 2011 年版。

27. 朱福勇：《民事法官能动性论纲》，法律出版社 2012 年版。

28. 最高人民法院司法改革领导小组办公室编著：《〈最高人民法院关于完善人民法院司法责任制的若干意见〉读本》，人民法院出版社 2015 年版。

29. 岳彩领：《人民法院体制改革的路径与方法》，人民法院出版社 2016 年版。

30. 孙海龙等：《司法责任制改革》，法律出版社 2017 年版。

31. 孙海龙等：《审判权运行机制改革》，法律出版社 2015 年版。

32. 李昌林：《从制度上保证审判独立：以刑事裁判权的归属为视角》，法律出版社 2006 年版。

33. 最高人民法院中国应用法学研究所：《美英德法四国司法制度概况》，韩苏琳编译，人民法院出版社 2008 年版。

34. 左卫民等：《合议制度研究——兼论合议庭独立审判》，法律出版社 2001 年版。

（二）译著

1. ［德］哈贝马斯：《在事实与规范之间：关于法律和民主法治国的商谈理论》，童世骏译，生活 · 读书 · 新知三联书店 2003 年版。

2. ［德］汉斯－约阿希姆 · 穆泽拉克：《德国民事诉讼法基础教程》，周翠译，中国政法大学出版社 2005 年版。

3. ［德］卡尔·拉伦茨：《法学方法论》，陈爱娥译，商务印书馆2003年版。

4. ［德］罗森贝克、［德］施瓦布、［德］戈特瓦尔德：《德国民事诉讼法》，李大雪译，中国法制出版社2007年版。

5. ［德］马克斯·韦伯：《经济与社会》，林荣远译，商务印书馆1997年版。

6. ［德］伯恩·魏德士：《法理学》，丁小春、吴越译，法律出版社2013年版。

7. ［法］勒内·达维德：《当代主要法律体系》，漆竹生译，上海译文出版社1984年版。

8. ［荷］菲特丽丝：《法律论证原理——司法裁决之证立理论概览》，张其山、焦宝乾、夏贞鹏译，商务印书馆2005年版。

9. ［美］E·博登海默：《法理学——法律哲学和法律方法》，邓正来译，中国政法大学出版社1999年版。

10. ［美］本杰明·卡多佐：《司法过程的性质》，苏力译，商务印书馆1998年版。

11. ［美］戈尔丁：《法律哲学》，齐海滨译，生活·读书·新知三联书店1987年版。

12. ［美］克里斯托弗·沃尔夫：《司法能动主义——自由的保障还是安全的威胁?》（修订版），黄金荣译，中国政法大学出版社2004年版。

13. ［美］史蒂文·苏本、［美］玛格瑞特·伍：《美国民事诉讼的真谛：从历史、文化、实务的视角》，蔡彦敏、徐卉译，法律出版社2002年版。

14. ［日］高桥宏志：《民事诉讼法制度与理论的深层分析》，林剑锋译，法律出版社2003年版。

15. ［日］谷口安平：《程序的正义与诉讼》，王亚新、刘荣军译，中国政法大学出版社 2002 年版。

16. ［日］兼子一、［日］竹下守夫：《民事诉讼法》（新版），白绿铉译，法律出版社 1995 年版。

17. ［日］染野义信：《转变时期的民事裁判制度》，林剑锋译，中国政法大学出版社 2004 年版。

18. ［日］新堂幸司：《新民事诉讼法》，林剑锋译，法律出版社 2008 年版。

19. ［日］中村宗雄、［日］中村英朗：《诉讼法学方法论——中村民事诉讼理论精要》，陈刚、段文波译，中国法制出版社 2009 年版。

20. ［英］阿德里安 A. S. 朱克曼主编：《危机中的民事司法——民事诉讼程序的比较视角》，傅郁林等译，中国政法大学出版社 2005 年版。

21. ［美］理查德 · A. 波斯纳：《联邦法院：挑战与改革》，邓海平译，中国政法大学出版社 2002 年版。

22. ［德］英戈 · 穆勒：《恐怖的法官——纳粹时期的司法》，王勇译，中国政法大学出版社 2000 年版。

三、中文论文

（一）期刊论文

1. 张卫平：《“纠纷治理”与“纠纷解决”：差异、共生与照应》，载《现代法学》2024 年第 46 卷第 1 期。

2. 张卫平：《审判资源程序配置的综合判断——以民事诉讼程序为中心的分析》，载《清华法学》2022 年第 1 期。

3. 张卫平：《“案多人少”困境的程序应对之策》，载《法治研究》2022 年第 3 期。

4. 张卫平、戴书成：《对最高人民法院职能定位调整的思考》，载《学习与探索》2022 年第 6 期。

5. 张卫平：《论民事诉讼制度的价值追求》，载《法治现代化研究》

2021年第3期。

6. 张卫平、张海燕、王德新:《面向当下与未来的民事诉讼法——关于进一步修改完善民事诉讼法的对话》,载《山东法官培训学院学报》2022年第3期。

7. 王亚新:《民事诉讼与发现真实》,载《清华法律评论》(第1辑),清华大学出版社1998年版。

8. 潘剑锋:《论建构民事程序权利救济机制的基本原则》,载《中国法学》2015年第2期。

9. 潘剑锋:《论民事司法与调解关系的定位》,载《中外法学》2013年第1期。

10. 潘剑锋:《民诉法修订背景下对"诉调对接"机制的思考》,载《当代法学》2013年第3期。

11. 潘剑锋:《程序系统视角下对民事再审制度的思考》,载《清华法学》2013年第4期。

12. 潘剑锋:《论司法确认》,载《中国法学》2011年第3期。

13. 肖建华:《构建协同主义的民事诉讼模式》,载《政法论坛》2006年第5期。

14. 傅郁林:《司法权的外部边界与内部配置》,载《法制与社会发展》2016年第2期。

15. 傅郁林:《以职能权责界定为基础的审判人员分类改革》,载《现代法学》2015年第4期。

16. 傅郁林:《我国司法职能分层目标下的高层法院职能转型》,载《清华法学》2009年第4期。

17. 傅郁林:《繁简分流与程序保障》,载《法学研究》2003年第1期。

18. 傅郁林:《论最高法院的职能》,载《中外法学》2003年第5期。

19. 傅郁林：《审级制度的建构原理》，载《中国社会科学》2002 年第 4 期。

20. 熊跃敏：《民事诉讼中法院的法律观点指出义务：法理、规则与判例——以德国民事诉讼为中心的考察》，载《中国法学》2008 年第 4 期。

21. 熊跃敏：《民事诉讼中法院的释明：法理、规则与判例——以日本民事诉讼法为中心的考察》，载《比较民事诉讼法国际研讨会论文集》，中国政法大学出版社 2004 年版。

22. 汤维建：《论构建我国民事诉讼中的自足性审前程序——审前程序和庭审程序并立的改革观》，载《政法论坛》2004 年第 4 期。

23. 占善刚：《言词辩论的全部意旨研究——德国、日本的判例、学说之考察及其启示》，载《现代法学》2012 年第 2 期。

24. 蒋惠岭：《论“中央事权—省级统管”模式及完善》，载《政法论丛》2021 年第 3 期。

25. 刘峥、何帆、马骁：《〈关于完善人民法院专业法官会议工作机制的指导意见〉的理解与适用》，载《人民法院报》2021 年 1 月 14 日，第 5 版。

26. 刘峥、何帆：《〈关于完善四级法院审级职能定位改革试点的实施办法〉的理解与适用》，载《人民司法》2021 年第 31 期。

27. 何帆：《中国特色审级制度的形成、完善与发展》，载《中国法律评论》2021 年第 6 期。

28. 陈杭平：《未竟的“繁简分流”改革——兼评 2021 年〈民事诉讼法〉修改》，载《中国社会科学院大学学报》2023 年第 1 期。

29. 陈杭平：《历史视野下的“四级两审制”》，载《法治现代化研究》2023 年第 4 期。

30. 陈杭平：《论中国法院的“合一制——历史、实践和理论”》，载《法制与社会发展》2011 年第 6 期。

31. 陈杭平：《“人财物省级统管”改革的成效与完善》，载《人民法治》2018 年 Z1 期。

32. 刘哲玮：《论民事诉讼模式理论的方法论意义及其运用》，载《当代法学》2016 年第 3 期。

33. 任重：《“案多人少”的成因与出路——对本轮民事诉讼法修正之省思》，载《法学评论》2022 年第 2 期。

34. 任重：《中国式民事程序简化：逻辑与省思》，载《法治研究》2022 年第 3 期。

35. 任重：《改革开放 40 年：民事审判程序的变迁》，载《河北法学》2018 年第 12 期。

36. 刘万洪：《民事审理的集中化研究——以庭审程序为中心》，载《现代法学》2011 年第 4 期。

37. 王信芳：《裁判文书公开合议庭不同意见的探索与思考》，载《政治与法律》2004 年第 2 期。

38. 周赟：《“道成肉身”：论庭审过程中法律事实的生成》，载《中外法学》2011 年第 3 期。

39. 陈光中、龙宗智：《关于深化司法改革若干问题的思考》，载《中国法学》2013 年第 4 期。

40. 陈光中、魏晓娜：《论我国司法体制的现代化改革》，载《中国法学》2015 年第 1 期。

41. 陈瑞华：《法官责任制度的三种模式》，载《法学研究》2015 年第 4 期。

42. 陈瑞华：《司法裁判的行政决策模式——对中国法院“司法行政化”现象的重新考察》，载《吉林大学社会科学学报》2008 年第 4 期。

43. 方乐：《审判权内部运行机制改革的制度资源与模式选择》，载《法学》2015 年第 3 期。

44. 高一飞：《健全审判权力运行机制的障碍与路径》，载《中国党政干部论坛》2015 年第 4 期。

45. 顾培东：《再论人民法院审判权运行机制的构建》，载《中国法学》2014 年第 5 期。

46. 葛洪义：《地方法制的意义——中央与地方关系的法律化、制度化问题初探》，载《学习与探索》2010 年第 1 期。

47. 龙宗智、袁坚：《深化改革背景下对司法行政化的遏制》，载《法学研究》2014 年第 1 期。

48. 马长山：《新一轮司法改革的可能与限度》，载《政法论坛》2015 年第 5 期。

49. 闵春雷：《以审判为中心：内涵解读及实现路径》，载《法律科学（西北政法大学学报）》2015 年第 3 期。

50. 石茂生：《检察权与审判权关系再检视——基于检察权审判权运行的实证研究》，载《法学杂志》2015 年第 2 期。

51. 石茂生：《司法权力泛化及其制度校正——以司法权力运行为中心》，载《法学》2015 年第 5 期。

52. 唐华彭：《司法行政权的合理配置与地方“两院”省级统管》，载《法学》2015 年第 5 期。

53. 王庆廷：《法官分类的行政化与司法化——从助理审判员的“审判权”说起》，载《华东政法大学学报》2015 年第 4 期。

54. 韩业斌：《法治中国与地方法治互动的路径选择》，载《法学》2015 年第 9 期。

55. 侯猛：《案件请示制度合理的一面——从最高人民法院角度展开的思考》，载《法学》2010 年第 8 期。

56. 胡云腾、范跃如：《审判权与审判管理权运行机制研究》，载《人民司法》2011 年第 15 期。

57. 江必新：《司法理念的辩证思考》，载《法学》2011 年第 1 期。

58. 江必新：《域外案件管理改革的借鉴与启示》，载《比较法研究》2013 年第 4 期。

59. 李栋：《司法审判权与政治统治权两权分立理论的“知识考古”及其合理性评说——以英格兰“中世纪宪政主义难题”为线索》，载《比较法研究》2011 年第 6 期。

60. 李红辉：《反思与出路：改革院庭长审批案件制度》，载《求索》2012 年第 6 期。

61. 凌云志：《保证合议庭依法行使职权》，载《法学杂志》1981 年第 1 期。

62. 刘春茂：《对法院院长、庭长审批案件制度的探讨》，载《法律科学》1980 年第 2 期。

63. 刘文峰：《日本精密司法经验与启示》，载《人民检察》2014 年第 11 期。

64. 刘昕杰：《实验法院：近代中国司法改革的一次地方试点》，载《中国法学》2015 年第 5 期。

65. 刘忠：《四级两审制的发生和演化》，载《法学研究》2016 年第 4 期。

66. 龙宗智：《庭审实质化的路径和方法》，载《法学研究》2015 年第 5 期。

67. 龙宗智：《审判管理：功效、局限及界限把握》，载《法学研究》2011 年第 4 期。

68. 魏胜强：《论审判委员会制度的改革——以我国台湾地区大法官会议制度为鉴》，载《河南大学学报（社会科学版）》2013 年第 3 期。

69. 魏晓娜：《以审判为中心的刑事诉讼制度改革》，载《法学研究》2015 年第 4 期。

70. 谢小剑：《省以下地方法院、检察院人财物统一管理制度研究》，载《理论与改革》2015 年第 1 期。

71. 谢佑平、万毅：《司法行政化与司法独立：悖论的司法改革——兼评法官等级制与院长辞职制》，载《江苏社会科学》2003 年第 1 期。

72. 徐瑞柏：《合议庭工作机制的改革》，载《法律适用》2003 年第 7 期。

73. 徐昕、黄艳好：《中国司法改革年度报告（2021）》，载《哈尔滨工业大学学报（社会科学版）》2022 年第 2 期。

74. 徐昕、黄艳好：《中国司法改革年度报告（2020）》，载《哈尔滨工业大学学报（社会科学版）》2021 年第 3 期。

75. 徐昕、黄艳好：《中国司法改革年度报告（2019）》，载《上海大学学报（社会科学版）》2020 年第 3 期。

76. 徐昕、黄艳好：《中国司法改革年度报告（2018）》，载《上海大学学报（社会科学版）》2019 年第 2 期。

77. 徐昕、黄艳好：《中国司法改革年度报告（2017）》，载《上海大学学报（社会科学版）》2018 年第 2 期。

78. 徐昕、黄艳好、汪小棠：《中国司法改革年度报告（2016）》，载《上海大学学报（社会科学版）》2017 年第 3 期。

79. 徐昕、黄艳好、汪小棠：《中国司法改革年度报告（2015）》，载《政法论坛》2016 年第 3 期。

80. 徐昕、黄艳好、汪小棠：《中国司法改革年度报告（2014）》，载《政法论坛》2015 年第 3 期。

81. 徐昕、黄艳好、汪小棠：《中国司法改革年度报告（2013）》，载《政法论坛》2014 年第 2 期。

82. 徐昕、黄艳好、汪小棠：《中国司法改革年度报告（2012）》，载《政法论坛》2013 年第 2 期。

83. 杨清望：《司法权中央事权化：法理内涵与政法语境的混同》，载《法制与社会发展》2015 年第 1 期。

84. 杨建军：《司法改革的理论论争及其启迪》，载《法商研究》2015 年第 2 期。

85. 叶青：《主审法官依法独立行使审判权的羁绊与出路》，载《政治与法律》2015 年第 1 期。

86. 叶青：《以审判为中心的诉讼制度改革之若干思考》，载《法学》2015 年第 7 期。

87. 左坚卫：《刑事个案审判困境原因探析》，载《中共中央党校学报》2009 年第 6 期。

88. 左卫民：《省级统管地方法院法官任用改革审思——基于实证考察的分析》，载《法学研究》2015 年第 4 期。

89. 胡昌明：《健全法官职业保障制度的价值与路径——以新修订的〈法官法〉为视角》，载《法律适用》2019 年第 9 期。

（二）学位论文

1. 关玫：《司法公信力研究》，吉林大学 2005 年博士学位论文。

2. 付少军：《审判委员会制度研究》，中共中央党校 2012 年博士学位论文。

3. 袁坚：《司法合议制度研究——以一审公诉案件合议庭的运作为视角》，西南政法大学 2011 年博士学位论文。

4. 胡骏：《雅典司法制度初探》，华东政法大学 2006 年硕士学位论文。

5. 吴仕春：《审判权运行机制改革研究——以刑事审判权运行为视角》，西南政法大学 2016 年博士学位论文。

6. 李梓瑜：《民事审判权运行机制研究——以行使主体为视角》，昆明理工大学 2016 年硕士学位论文。